アメリカの保守本流

広瀬 隆

Hirose Takashi

a pilot of wisdom

目次

第二章　アメリカの鉄道資本とは何か――81

図表制作　山中レタリング研究所

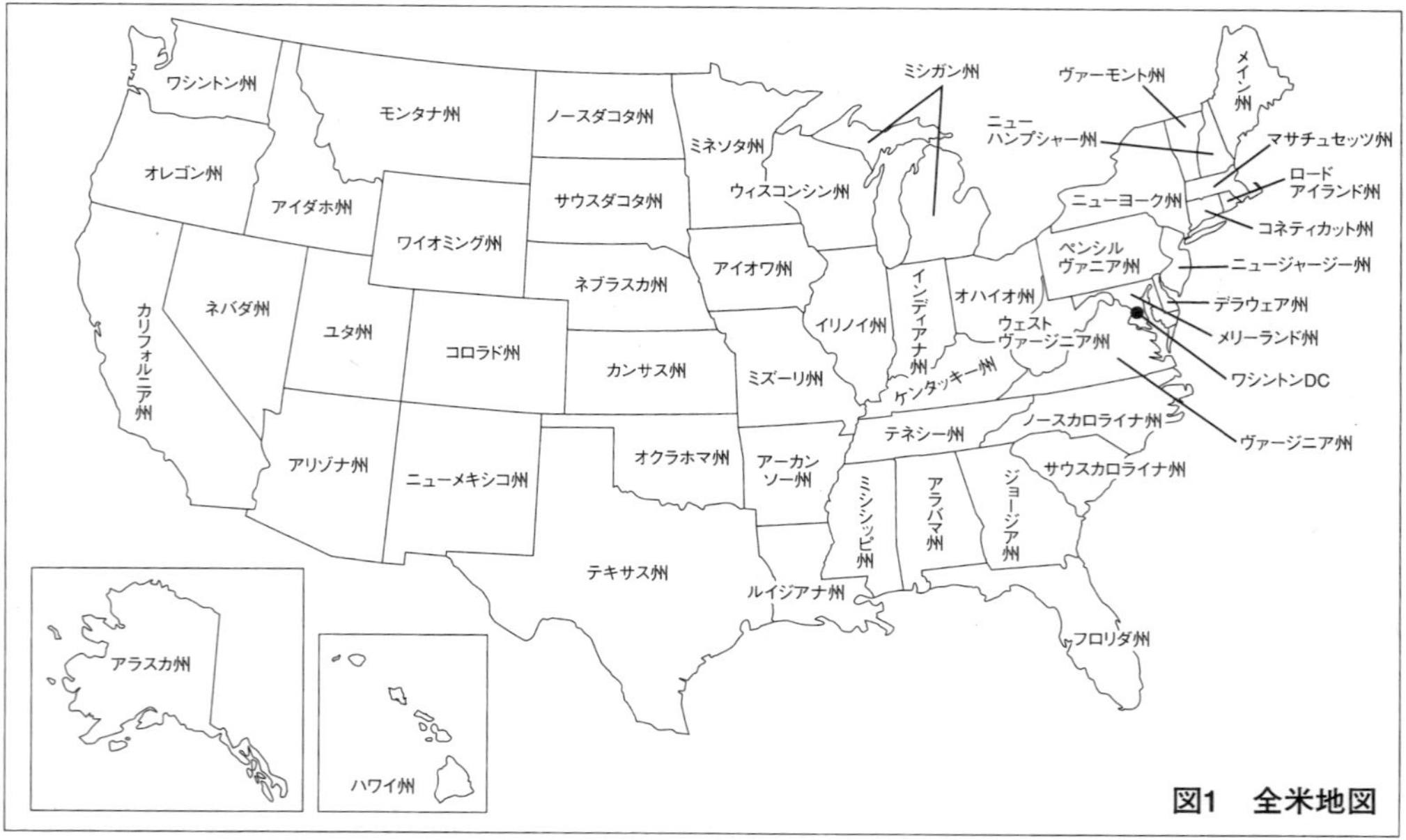
ワシントン州
モンタナ州
ノースダコタ州
ミネソタ州
ミシガン州
ヴァーモント州
メイン州
ニュー
ハンプシャー州
マサチュセッツ州
オレゴン州
アイダホ州
ワイオミング州
サウスダコタ州
ウィスコンシン州
ニューヨーク州
ロード
アイランド州
コネティカット州
ペンシル
ヴァニア州
ニュージャージー州
ネブラスカ州
アイオワ州
カリフォルニア州
ネバダ州
ユタ州
コロラド州
イリノイ州
インディアナ州
オハイオ州
デラウェア州
ウェスト
ヴァージニア州
メリーランド州
カンサス州
ミズーリ州
ケンタッキー州
ワシントンDC
ノースカロライナ州
ヴァージニア州
アリゾナ州
ニューメキシコ州
オクラホマ州
アーカン
ソー州
テネシー州
サウスカロライナ州
ミシシッピ州
アラバマ州
ジョージア州
テキサス州
ルイジアナ州
フロリダ州
アラスカ州
ハワイ州
図1　全米地図

序　アメリカの暴走

二〇〇三年三月二十日、アメリカは全世界の民衆があげた「戦争やめろ！」の声を戦車でひきつぶしながら、アメリカに対して何もしていないイラク民衆への殺戮《さつりく》攻撃を開始した。わずか二十日間で推定一万人以上のイラク人を理由もなく殺した。ほとんどのニュースは、ブッシュだ、サダム・フセインだと論じ合い、軍事評論家に米軍とイラク共和国防衛隊の力量を引き比べさせるばかり。罪なき子供が殺され、親が泣き叫んでいる事実を無視して、米軍の行為を犯罪として告発さえしなかった。報道の大半は日々、刑法で明瞭な殺人を〝イラク解放だ〟と解説した。

四月には首都バグダッドが米軍に制圧された、とホワイトハウスの戦争犯罪者たちが笑顔を浮かべ、最高責任者ジョージ・W・ブッシュをアメリカ人は称賛した。日本の戦国時代のごとく世界の秩序は乱れ、すでに仮死状態と見られていた国連の存在意義は、戦火と共に粉々に飛び散り、砕けた破片をかき集めて元の形を復元しようというありさまだ。

アメリカ政府はそれまで半年ほど、国連という舞台で世界中の人間が反論する言葉に耳を傾けるジェスチャーを演じこそすれ、最後に反戦デモを軍靴の先で蹴り飛ばし、「腕力に従え」と世界に命ずるまでの結末を愉しんだ。初めからミサイルの撃鉄を外し、抜き身の大刀をかざして中東に乗り込んだアメリカ国防総省（ペンタゴン）の作戦通りであった。

イラク侵略攻撃に対しては、二〇〇三年二月から世界中で一五〇〇万人を超える人が行動を起こし、反戦デモを展開した。「石油のための戦争はやめろ」と書かれたプラカードが至るところ大都市に揺れ動いた。その批判の文字は、まぎれもなく利権のための戦争を意味した。

しかし本書は、さらに重大な事実に大きな注意を払うべきだと願って書かれたものである。それは石油利権以上に深刻な事態である。アメリカ政府が進める軍事戦略の危険性は、「いかなる国の領土保全または政治的独立に対しても、武力による威嚇または武力の行使を禁止する」と定めた国連憲章第二条四項に違反し、他国の政府を転覆させ、国際法に違反することを承知で戦争犯罪に走った〝確信犯〟だというところにある。しかし、世界中がテレビ画像で目撃した現行犯の殺人を説明するのに、法を持ち出す必要はない。説明もなく他人の住む家の上にいきなり爆弾を落とし、他人の家に勝手に押し入って大量の人を殺した野蛮人そのままの行為である。

その行動パターンは、石油への欲望を超えている。湾岸戦争のような石油利権のための侵攻であるなら、今後の暴力行為をおさえられる可能性もあるが、大統領ブッシュを取り巻く集団は、はるかに危険な世界軍事制覇の野望に邁進《まいしん》してきた。兵器という点では、ドイツ工業界の強大な軍事力を率いたナチス第三帝国の無気味さを超えた集団が世に出てきた。世界は、彼らが戦争犯罪者であることさえ充分に認識していない。歴史の不文律に従えば、民衆の同意を伴わない政策は必ず惨《みじ》めな失敗に終るが、そこに至るまでには米軍がたびたび出動し、大量の流血を見なければならない。しかもこの人脈は全米に根を張り、アメリカ国内では過半数の支持を得たので、今後長い期間にわたって勢力をふるうおそれがある。その正体と構造を、普段報道されないアメリカ史から明らかにするのが本書の目的である。よく知られるウォール街とワシントンだけでなく、そこに人材を送ってきたアメリカ中央部の知られざる諸州――保守本流の牙城に焦点をあてることが主眼なのである。

一九一四年六月二十八日、サラエボでハプスブルク家の皇太子夫妻に発射された銃弾は、一挙に大国を芋づる式に紛争に巻き込み、翌七月から人類最初の地球規模の戦争という殺し合いに突入した。その大戦が終ってほどなく、ヒットラーとムッソリーニと大日本帝国のファシズムが台頭したと見るまに、三国による侵略と殺戮が拡大し、ポーランド侵攻と真珠湾攻撃、マレー上陸作戦の強行によって、一挙に数千万人の死者を出す血みどろの戦いにまで暴走した。

ついには広島・長崎への原爆投下、東西ドイツの分裂、朝鮮戦争による南北朝鮮の完全分断という悲劇まで導いた歴史を、多くの人はあたかも過ぎ去った悪夢だと思い込んできた。一九九一年にアメリカとソ連の長い対決に幕を閉じて迎えた二十一世紀に、三度目の世界大戦は起こらないとわれわれは信じ込んできた。

二〇〇一年までの核兵器は、軍人の目から見て、国家が実戦で使用できないほど危険で、テロ以外には〝威嚇用〟兵器と判断できるものだった。しかし現在は違う。二〇〇一年にジョージ・W・ブッシュという一介のテキサス州知事が大統領に祭り上げられた。就任当初から国際問題に関心がなく、一片の知識もなく、アメリカ国内だけで勝利し、思いやりのある保守主義を訴える男だった。大統領選で投票の集計トラブルもあって世界中から一層馬鹿にされた彼は、かばってくれる内輪の共和党サークルに逃げ込んでしまった。外交の表舞台に出る自信がない内心の動きは、彼のおどおどした目の表情から明らかだった。ところが二〇〇一年九月十一日、ニューヨークの世界貿易センタービル崩壊事件と国防総省ビル炎上に遭遇し、アフガニスタンへの軍事攻撃に踏み切った途端、自分を馬鹿にしたアメリカ人が支持するまでに変ったのを目にして、自ら豹変した。無知な人間のよさは謙虚さにあるが、ブッシュは傲慢な無知の塊《かたまり》となった。〝外国の政府転覆〟と〝要人暗殺〟を公言し、〝核兵器を本気で使う〟意思を示すまでにホワイトハウスの実戦行動は具体化した。

彼らは、戦闘に突入すれば支持率が上がるという危険な国民性を、アフガニスタンとイラクの二度の攻撃で学習し、大統領選挙に向けて票の計算を始めた。それは多くの知識人のあいだで、軍事力で恐怖をばらまき、すべてを解決しようとする機械じかけの集団のようにとらえられている。すでに問題はブッシュ大統領個人の資質を超え、それを利用する集団的システムを持つアメリカの政治制度そのものに移ってきた。これから第三次世界大戦が起こることを危惧するのではない。われわれはすでに、第三次世界大戦の中にいる。

ヨーロッパの大衆が、ホワイトハウスを理性の一片もない集団ととらえ、ブッシュをドラキュラやヒットラーに擬して反戦プラカードに描いた通り、この見逃せない変化は、アメリカ国民の過半数を巻き込み、軍部と一体となった動きに乗って走り出した。実際にはアメリカ国内でも強い批判が巻き起こり、この戦車を駆動するキャタピラが、スムーズに回っているわけではない。片側の車輪にブレーキをかけようとしているため、いつ路肩から転げ落ちるかも知れず、疾駆しているとは言い難いが、一度勢いのついた慣性力が勝っていることは間違いない。

軍部を軸としたワシントン政府は、権謀術数に長けた悪賢い外交官王国アメリカらしさを失い、外国との議論を拒否する頑《かたくな》な外交路線を曲げない。他人を説得できる論理もない野蛮行為であることを自ら知っているためだ。これからも一方的に地球を戦乱に巻き込み、次々と戦死者を生み出す可能性はかなり高い。

国防長官ドナルド・ラムズフェルドは、アフガンとイラクへの攻撃に続いて、具体的な敵国としてシリアとイランの名をあげ、国防副長官ポール・ウォルフォウィッツは、ソマリア、イエメンから、アジアのインドネシア、フィリピンまで攻撃対象にあげて戦線を拡大する意志を示した。ヨルダンもテロ支援容疑で名前をあげられた。ついには最大の産油国である親米政府のサウジアラビアからの米軍撤退が決断され、サウジがアメリカ最大の標的として浮上してきた。それを受けた中東のアラブ・イスラム諸国政府は、息をひそめて成り行きを見守ってきたが、イスラムの民衆は、利権を優先する政府とは違う。個人的な感情は怒りの限界を超え、脅しに屈するどころか、アメリカに対する聖戦《ジハード》を明言し始めた。

イラク侵攻では、死者より大きな問題があったのである。アメリカとイギリスの軍隊は侵攻開始直後から、至るところでイラク人に銃をつきつけて家から追い出し、家宅捜索した。黒いベールで全身を覆ったイラク人女性まで身体検査にかけられ、父親と母親が侮辱された姿を、イラクの子供たちは鋭い目で見ていた。参戦ゲリラ思想の裾野は、すでにエジプトからサウジ、ヨルダン、パレスチナ、北アフリカ、中央アジアまで、乾燥した燎原《りょうげん》に放たれた火のごとく広がりつつある。

ブッシュと取り巻きが戦略を確定し、アメリカ国民が支持した先制攻撃作戦は、アフガン攻撃からイラク侵攻まで早くも実行に移された。大戦争への扉を半ばまで開き、あとは足で扉を蹴りさえすれば、一気に燃え盛る戦火に向かって突撃する事態になっているのである。それは、カシミール紛争のため核ミサイルを握って対峙するインド・パキスタン国境に火をつけ、元副大統領補佐官ビル・クリストルたちが次の標的として示唆する北朝鮮と、韓国、中国、台湾から日本までを戦火の中に引きずり込み、利害が対立するシルクロードの国々を連鎖的に巻き込もうと焚きつける。

アメリカには、本物のエリートが結集した国務省と、中央情報局（CIA）があり、頭のある外交戦略家が揃っている。石油メジャーは、実業の成果に細心の気を配る人間を揃えている。しかし世界にとって不運なことに、ペンタゴンには、アメリカ全体の経済を思考できる戦略家がいない。ウォール街もまた、詐欺集団に堕するまでの腐敗を続けてきた。ビジネスの実務を知らない閣僚と補佐官たちがホワイトハウスに籠城し、独力で思い通りに地球を動かせると思い込み、腕力だけの帝国に鞭打って暴れ馬を一直線に暴走させ始めたのである。

この謎を解く鍵は、イラク侵攻に踏み切った二〇〇三年三月二十日までの経過にある。終章に至るまで、活動分野ごとに彼らの出自と履歴を、保守本流との関わりのなかで整理するのが本書に課せられた作業だ。それはアメリカを一方的に非難することが目的ではない。支持を得るためなら、自分の国民の命さえ無神経に扱うホワイトハウス……現在のような軍事ファシズム国家アメリカや〝ニューヨーク・タイムズ〟投稿欄で〝大統領＝殺人者〟とまで批判されたブッシュ……記者会見でイスラム教徒をしばしば虫けらにたとえて快感を味わうラムズフェルド……異民族間のデートを禁ずるキリスト教福音派のボブ・ジョーンズ大学から名誉学位を授与されたジョン・アシュクロフト司法長官たち、人間として品位のないこの集団を理解したり愛情を持つには、かなりの忍耐力を求められる。しかし大統領と取り巻きが大量殺戮兵器を握ってホワイトハウスに籠城する確信犯である以上、それを冷静に誘導しなければならない。アメリカ国内に一度は誕生した反戦思想の哲学と知識も、ベトナム戦争時代から二代目に受け継がれ、同じくアメリカ人の中に生き続けているのである。

メディアがわれわれに示してきたニュースや評論は、アメリカの一部を切り取ったもので、それに反応した夥《おびただ》しい人の感情も、ある種の固定観念の域を出ていない。それは日々流されるニュースの洪水を思えば致し方ないが、私が過去二十年ほど調べてきた建国以来のアメリカの権力構造と、そこに培われた人脈の流れから見れば、かなり様相の違うアメリカがある。

したがって本書の主人公は、ここ十年ほどアメリカでわがもの顔に振る舞ってきたウォール街ではない。しばらく陰に隠れていたが、世界貿易センタービル崩壊事件後、急速に権力のトップに躍り出た軍事シンクタンク勢力と、大陸に広がってそれを支持するアメリカ人の感情、その底流にある産業メカニズムを知ることに目的がある。

シンクタンクを動かし、イラク攻撃をリードしたとされ、巷間話題になってきたネオコン

（新保守主義者）と呼ばれる集団がある。どれほど手垢にまみれた言葉になったとはいえ、ネオコンにふれずに現代アメリカの説明に入るわけにはゆかない。彼らは保守本流ではない。その人脈が使ったトリックをまず初めに明らかにする必要がある。

その一方で、これも酷使された言葉だが、「石油のためのイラク攻撃」という、多くの人の誤解を解くことが必要になる。イラク攻撃が石油のためではないという答は読者にとって意外だろうが、その裏には「石炭」と「鉄道資本」が握る共和党政界のメカニズムがある。これこそ、保守本流の地盤である。ブッシュ政権の組閣以来、ホワイトハウスの人事の大半を決めてきたリチャード・チェニー副大統領や、彼が新たに財務長官に抜擢したジョン・スノーの正体が何であるかを、ほとんどの人は知る由もない。

大陸の西部には、ユニオン・パシフィック鉄道の行き着く先にカリフォルニア州のスタンフォード大学があり、この鉄道に沿って共和党のフーヴァー大統領、ニクソン大統領、フォード大統領、レーガン大統領が次々と生み出された。一方、東部の大都会には、ペンシルヴァニア鉄道とニューヨーク・セントラル鉄道があり、かつての栄華は一転して凋落したかに見えるが、この鉄道こそ、メリル・リンチという世界最大の証券会社を生み出し、ブッシュ・ファミリーをテキサスの利権者に育て上げた一族のシンボルだ。しかも鉄道利権が、インターネット時代の光ファイバーケーブルを支配しているのである。

ブッシュの戦争論に対抗する民主党大統領候補として脚光を浴びたジョン・フォーブス・ケリーも、極右主義を売り物にするダン・クエール元副大統領も、実は鉄道界の人脈から生まれてきた。このあいだを縫って、世界金融に拡大するロスチャイルド化現象と、メディアの帝王ルパート・マードックによる戦争プロパガンダのメカニズムは、おそろしいばかりである。その行き着く果てが、新保守主義者を次々と生み出すシンクタンクと、北朝鮮を軸に、彼らが進めるアジアの友好破壊工作だったのである。この実態を率直に正視できれば、われわれが何を語り、何をすべきかは歴然としている。

アメリカの真相を追究するため、まず事実を知る第一歩を踏み出そう。最初に、誰もが知る登場人物の言動を振り返ってみる必要がある。

第一章　保守本流とネオコン

黒幕ビル・クリストルとネオコン七人組

深刻な事態に気づいたのは、湾岸戦争を取り仕切った国務長官ジェームズ・ベーカーであった。彼は二代目ブッシュを拾い上げて大統領にまで育て上げた後ろ楯、共和党ホワイトハウスの知恵袋その人である。アメリカ政府がイラク先制攻撃必要論を声高に語り始めた二〇〇二年八月二十五日、我慢ならなくなったベーカーは、〝ニューヨーク・タイムズ〟に寄稿した。テキサス州の身内の恥さらしを覚悟で書かれ、「体制を変える正しい道」と題したブッシュ大統領宛ての意見書は、現在の軍事ファシズムの問題と原因がどこにあるかを、次の四点で明確に指摘した。

□イラクがテロ組織アル・カーイダと結びついている、あるいは九月十一日事件に関与しているという証拠はほとんどない。

□サダム・フセインの独裁に対する現実的な方法は、大量兵士による政府転覆だが、莫大なコストと民間人の犠牲を伴う。湾岸戦争では六〇〇億ドルを費やしたが、同盟国がそれを支えてくれたので可能になった。

□ブッシュ大統領は、単独行動を取ろうとする取り巻きのアドバイスを拒否すべきだ。国際世論とかけ離れたアドバイザーたちを引き止めるためにベストをつくすべきだ。

□イラク攻撃をすれば、アラブ・イスラエル紛争の解決が一層困難になる。イスラエル軍は二〇〇〇年九月以前のところまで撤退すべきである。

この四点は、次のように読み換えることができる――根拠のない攻撃はアメリカの危険性を高める。イラク攻撃はアメリカに経済的な損失をもたらす。大統領の取り巻きの質に大きな問題がある。中東問題の最大の震源地はパレスチナにある――つまりベーカーは、このホワイトハウスの領袖グループは見識ばかりか、悪知恵にも欠けると論破した。アメリカには国務省とCIAに、国益を計算できる外交の知恵者が揃っていたが、ベーカーの部下たちが出した正確な中東イスラム情勢の分析も、一切の忠告も切り捨てられたからである。

財務長官としてプラザ合意を仕組んで日本をバブル経済に誘い出し、石油の利権確保を着実にみきわめてきたのがベーカーである。オイルビジネス現場のキーパーソンとして、中東からカスピ海まで世界的に実績を上げた彼の目から見れば、イラク攻撃がどれほどイスラム諸国と石油業界に深い傷を残すかは歴然としていた。ベーカーだけではなく、父ブッシュの大統領補佐官だったブレント・スコウクロフトも、国務長官だったローレンス・イーグルバーガーも、共和党を率いてきたヘンリー・キッシンジャーも、国際的な支持のないイラク攻撃に反対する意思を明らかにした。しかし機を見るに敏なキッシンジャーは、全米世論の反イスラム感情を見て、のちに意見を変えたかのようなジェスチャーを示す。キッシンジャー・アソシエーツ副会長のスコウクロフトはトルコ経由パイプラインの利権者で、イーグルバーガーもハリバートンとフィリップス石油の重役だった。彼らは貪欲なまでに利権を真剣に考えていた。イラク攻撃に内心で反対していたのは、父ジョージ・ブッシュ元大統領と白髪の母バーバラも同じだった。ところが息子ブッシュは「湾岸戦争に決着をつける」と息巻き、イラク侵攻に踏み切った。

ベーカーは名前をあげて書かなかったが、取り巻きの質と、中東問題の最大の震源地がパレスチナとイスラエルにある、という二点の密接な関係は、アメリカで数々のジャーナリストが実名をあげて明示し、それがイスラム諸国に伝えられて不安と怒りを巻き起こした。「ブッシュが大統領と認められたいなら、見識のない取り巻きを切り捨てろ」とまでメディアに言わせた取り巻きとは誰だったのか。イラクを攻撃する道理なき国家テロに人々が憤り、ミサイルに泣きまどう少女の姿に唇をかみしめた時、心底からイラク攻撃に快感を覚え、誇らしげに振る舞った者たちがいた。ホワイトハウスに先制攻撃の知恵を授け、ブッシュ大統領とチェニー副大統領、ラムズフェルド国防長官の保守本流グループをその戦略に導いたのは、巷で新保守主義者Neo Conservativeと呼ばれた次のネオコン七人組である。

◇国防副長官ポール・ウォルフォウィッツ
◇ウォルフォウィッツを育てた副大統領首席補佐官ルイス・リビー
◇国防政策会議議長リチャード・パール
◇国防次官ダグラス・ファイス
◇ホワイトハウス報道官アリ・フライシャー
◇ブッシュ大統領の「悪の枢軸」発言スピーチライターとして一躍名をあげたデヴィッド・フラム
◇そして彼らと終始言動を共にしてきた保守派の論客ビル・クリストルだった。

一体彼らはどのようなグループなのか。七人組の中心にいたクリストルは、教育団体を装う保守派のシンクタンク「アメリカ新世紀プロジェクト」の会長だった。かつて父ブッシュ大統領が体調を崩した時、「大統領に万一のことが起こり、この男が核兵器のボタンを握ったら何をするか分らない」と評され、〝史上最悪の副大統領〟と呼ばれたダン・クエールがいる。その首席補佐官をつとめたのがクリストルだ。

彼らは、クリストルが編集長をつとめる保守派の雑誌〝ウィークリー・スタンダード〟を発信源として、二〇〇二年一月二十九日にブッシュ大統領の一般教書演説でイラン、イラク、北朝鮮の三国を「悪の枢軸 axis of evil」と呼び捨て、難民救済に走り回って反イスラエル闘争を続けるパレスチナ組織ハマスなどを、一方的に〝地下テロ組織〟と断定する一節を織り込ませた。同誌編集者でもあった大統領演説スピーチライターのフラムが、この挑発的発言を織り込んで世界を驚かせたのだ。この舞台裏が発覚し、恥をかいたブッシュはフラムをホワイトハウスから追放してみせた。

続いて彼らは、ブッシュ政権の「イラクへの先制攻撃必要論」をテレビ、新聞、雑誌、インターネットを通じて主張し続けた。誌上ではウォルフォウィッツ、リビー、パール、フラムの意見が主流を成し、二〇〇〇年の大統領選挙でアルバート・ゴア副大統領と組んだ民主党の副大統領候補ジョゼフ・リーバーマンのイラク先制攻撃必要論も、同誌で高く評価された。彼ら新保守主義者は、次のような主張を展開した。

□イラク国民を苦しめてきたのはサダム・フセインである。世界的に起こった反戦デモの参加者はイラク攻撃に反対し、圧政を放置するのだから、反道徳的である。

□アメリカと世界の安全にとって、イラクのような国家が支援するテロを根絶しなければならない。イラクはテロリストへの大量破壊兵器供給能力を持っている。

□アメリカの外交は国連の安全保障理事会に左右されるべきではない。国連の秩序を破っているのはイラクである。国連の権威を守るためにイラクを攻撃しなければならない。
□イスラム原理主義国家や大量破壊兵器を保有する国を民主化すべきだ。そのためには軍事力の行使が必要であり、イラク攻撃後、米軍はイラクに駐留して統治すべきである。中東国家をすべて民主化しなければならない。

地球規模で民主主義を破壊する人間が〝民主化〟を口にし、中東に暴力を持ち込もうという人間が〝平和〟を主張した。これを受けて世界中から、「イラクが大量破壊兵器を持っている証拠は発見されていない」、「テロリストとイラクの関係は何も立証されていない」と異論を唱える声が続出した。しかしネオコンは、「アメリカが自分の身を守るために、他人の意見に耳を傾ける必要はない」と主張したままではよいが、反米世論の高まりに業を煮やし、「自分を守りたいという意思さえあれば、いつ他国に攻め入ってもよい。そのルールはわれわれが決める」という聞き捨てならない主張に転じた。

世界はついに、彼らの頑迷さを「原理主義だ」と危惧するようになり、大統領ブッシュもキリスト教原理主義者の一人に数えられた。巷で〝マッド〟や〝クレージー〟と呼び捨てた言葉を、メディアは支障ない表現に言い換えたのだ。イエス・キリストの教えは人殺しを厳しく戒め、アメリカのキリスト教指導者の大半がイラク攻撃に反対していたのだから、キリスト教原理主義とは見当違いもはなはだしい呼称である。聖書の字も読めない原始ブッシュ教にすぎない。彼らの危険性は、根拠もなく武器を執って他人を勝手に殺す、という法廷で裁かれるべき重罪にある。二十世紀からの言い慣わしに従えば、アメリカは軍事ファシズム国家である。

しかしネオコンというメディア的な呼称は、物ごとを類型化し、単純化するため、数々の事実を見えなくした。実際には何が起こっていたのか。彼らはかねてから、朝鮮半島から大陸中国まで含めて、紛争を大きくしようと骨折ってきた集団である。

ビル・クリストル（正式名William Kristol）は、エネルギー企業エンロンに巣くって、倒産するまで最高財務責任者アンドリュー・ファストウと親交し、高額の顧問料をとっていた。アメリカには軍事的色彩の濃い保守派のシンクタンクが数々あるが、中でも大きな組織、カリフォルニア州スタンフォード大学にあるフーヴァー研究所と、ワシントンにあるアメリカン・エンタープライズ研究所は、ブルッキングス研究所と並んで伝統を誇ってきた。ビルの父親アーヴィング・クリストルはアメリカン・エンタープライズ研究所の上級研究員で、右派の雑誌〝ナショナル・インタレスト（国益）〟を発刊して新保守主義者を次々と育ててきたユダヤ人論客——いわばネオコンの頭目である。母親ガートリュード・クリストル（旧姓ヒンメルファーブ）もアメリカの高名な社会学者で、一九七四年にイスラエルのハイファにあるユダヤ研究アカデミーの顧問となった。彼女もフーヴァー研究所とアメリカン・エンタープライズ研究所で、アメリカの軍事外交問題を中心に論陣を張る幹部をつとめてきた。彼女の兄ミルトン・ヒンメルファーブは、別の大組織の幹部であった。米軍の攻撃を受けるイスラム世界の識者と大衆が、アメリカの豹変をきわめて危険なものととらえ、対決の意志を固めた理由がそこにあった。

ユダヤ人は十九世紀末と第二次世界大戦前後にアメリカに大量に移住した。その移民がやってくる前から、アメリカの金融王モルガンや鉄道王ハリマンと組んで金融トラストを形成し、アメリカ国内でユダヤ系マーチャント・バンカーとして君臨したのが、ジェイコブ・ヘンリー・シフである。フランクフルトのユダヤ人ゲットーに発した世界最大の金融財閥ロスチャイルド一族だった。経済誌〝フォーブス〟がほぼ一世紀前の一九一八年に最初のアメリカ大富豪三〇人を発表した時、シフはWASP（ホワイト・アングロ・サクソン・プロテスタント）に伍して、わずか四人のユダヤ人富豪の一人に数えられた。帝政ロシアのポグロムなど、世界中におそるべきユダヤ人弾圧が広がる中、シフはユダヤ人の尊厳と人権を守るために「アメリカ・ユダヤ人委員会」をニューヨーク市に創設した。サイモン・ロスチャイルドのグループがその組織を動かし、ロスチャイルド系金融機関として屈指のリーマン・ブラザースが大きな資金を投入した。ミルトン・ヒンメルファーブは、一九五五年からその委員会の理事をつとめ、ベトナム戦争責任者の国務次官ユージン・ロストーの息子チャールズ・ロストーと共に委員会を動かす実力者となった。チャールズの叔父ウォルト・ロストーもケネディー大統領補佐官としてべトナム戦争責任者であり、テキサス州都オースティンにロビイスト団体を組織してブッシュ・ファミリーに食い込み、その妻エルスペスが陸軍戦争大学で教鞭をとって、大量の軍人を世に送り出した。

このミルトン・ヒンメルファーブの甥ビル・クリストルが、ブッシュ大統領をイラク攻撃に向かわせた黒幕グループ最大の中心人物だったのである。

過去のユダヤ人の反体制・反戦運動

ここで注意すべきは、ユダヤ人をひとくくりに論ずる陰謀史観にまどわされないことだ。ユダヤ人には、現在は少数派だが、イラク攻撃やパレスチナ人襲撃に反対する平和主義者が多数いる。紛争解決を願いながら紛争に巻き込まれるイスラエルのユダヤ人もいる。

イスラエルの外務次官として一九九三年のパレスチナ・イスラエル和平オスロ合意をもたらす秘密交渉を担当したヨシ・ベイリンは、パレスチナ人が置かれた苦境を一人の人間として理解しており、それを解決しないで武器を執るブッシュ政権の中東政策は無為無策だ、と批判するイスラエルの政治家である。

〝ニューヨーク・タイムズ〟のピューリッツァー賞受賞記者トマス・フリードマンは、九月十一日事件に憤激し、アメリカ人としては〝テロリスト撲滅〟を標榜するペンタゴンの戦争行為を支持するが、ユダヤ人としてはパレスチナ紛争の和平解決について真剣に考えてきた人物だ。国際問題に関する彼の考えには、さまざまな面で異論があるが、レバノンのベイルートにおける一九八二年のパレスチナ難民虐殺事件の真相を報道し、虐殺に手を貸したイスラエル軍の行為を恥ずべきものと批判し続けてきたフリードマンの態度は公正である。

二〇〇三年三月二十日のイラク攻撃開始の日にも、彼は同紙（アメリカ東部時間十九日付）でブッシュ政権の選択を徹底的に批判した。「大統領は外交努力を重ねたと言ったが、それは真実ではない。最初の湾岸戦争の時に、ベーカー国務長官はジュネーブで直接イラクの外相と顔を合わせて会談した。そして世界中が、戦争を避けることを拒否したのはイラクだと感じた。しかし今度は、ブッシュが一度しか旅していないことを世界中が見ていた。その旅とは、アメリカに同調するたった二つの国に戦争を売り込みに行っただけだ。われわれは戦争に突入する。しかも基本的には孤立し、多くの反対に直面しながらだ。その反対は、アラブの路上からわき起こっているのではない。世界の路上で起こっている反対なのだ」と。

彼より世界的に有名なのは、ダニエル・エルズバーグだろう。海兵隊除隊後にハーヴァード大学で経済学博士号をとると、軍事シンクタンクのランド・コーポレーションに入社した彼は、その能力を買われて国防総省にリクルートされ、ジョンソン政権の国防長官ロバート・マクナマラのもとでアナリストとなった。ケネディー政権以来の秀才〝ベスト&ブライテスト〟グループに属した彼は、ベトナムへ行き、ランド社に戻ってから、ペンタゴン同僚と違った目で戦争を見ていた。アメリカ政府が泥沼のベトナム侵略攻撃から手を引かず、全米で反戦運動が激化した一九七一年、果敢にも七〇〇〇頁におよぶベトナム戦争の政府機密文書（通称ペンタゴン・ペーパーズ）を命懸けで一枚ずつ深夜にコピーし、〝ニューヨーク・タイムズ〟にリークしたのである。ベトナム開戦の記録文書が暴露されると、ケネディー〜ジョンソン政権以来隠されてきたアメリカ軍事戦略の狂暴な実態が世に出て、ニクソン政権は窮地に追い込まれた。

ペンタゴンを辞職後に反戦運動に身を投じたエルズバーグはたびたび弾圧を受ける身となった。その彼もまた、二〇〇三年三月のブッシュ政権によるイラク侵略攻撃を「国際法違反だ」と痛烈に批判し、「アメリカ政府は核兵器を使用しかねない危険性をはらんでいる」と全世界に警告を発し、攻撃開始後の三月二十六日には、ホワイトハウス前で開かれたイラク攻撃の抗議集会に参加して逮捕された。彼の両親はキリスト教だが、改宗する前はユダヤ教である。エルズバーグは当然、ユダヤ人としてのルーツに誇りと自覚を強く持っていたはずだ。

アメリカの軍事的な性格を嫌う反体制運動の主流は誰あろう、一九五〇年代に吹き荒れた赤狩りのマッカーシズムの被害者で、保守的な政府や世論と直接対決しなければならなかったユダヤ人たち、とりわけハリウッドのシナリオライターたちだった。映画『大統領の陰謀』でダスティン・ホフマンが演じた実在の〝ワシントン・ポスト〟記者カール・バーンスタインは、ウォーターゲート事件を明るみに出してニクソン大統領を辞任に追い込み、同紙はピューリッツァー賞を受賞した。バーンスタインは親が赤狩りの被害者だったからこそ、ニクソン大統領が胸に隠し持つ反ユダヤ感情を読み取り、徹底的に追及したに違いない。果断に富み、機才をふるった彼らこそ、アメリカに自由社会を拓き、世界中のファシズムを批判してきた先駆者である。

特に九月十一日事件後のアメリカでは、メディアの世界で平和的外交を主張する人に対する言論封じが横行し、軍事攻撃を好む言葉ばかりを日本や国際メディアが流用したため、テレビも新聞も彼らの言葉で占領されてしまった。実際には日常どこでも語られていた武力攻撃批判の言葉がかき消され、すぐれた人たちの存在が見えなくなっただけだ。表に出た悪質愚劣なものをもって、「それが……のすべてだ」と断じてはならない。アメリカは現在でも世界中からあらゆる種類の人種、あらゆる種類の宗教を持った移民が市民権を求め、夢を抱いて流入する国であり、その人たちを惹きつける魅力を持っていた。国際的に見れば少なくとも日本よりずっと評価は高かったはずだ。

現代の好戦的シオニズム

こうした良識や、冷静な見識を嘲笑し、レバノンでの難民殺戮について、「進歩の名において、時には人間は死ななければならない」とうそぶき、虐殺さえ公然と肯定してきたのが、アリエル・シャロンたちである。フリードマン記者と長年敵対しながら、二〇〇一年にイスラエル首相となった彼こそ、〝ベイルートの虐殺者〟と呼ばれてきた戦争犯罪人だ。二〇〇二年に再びパレスチナ難民虐殺を指令した彼を筆頭に、「パレスチナは古来、ユダヤ人の領土だ。イスラエルの首都はエルサレムである」と頑迷な主張をくり返し、国連決議を無視してイスラエル軍によるパレスチナ武力侵略を愉しむ。深夜にパレスチナ人の畑と家をブルドーザーで踏みつぶしてユダヤ人入植を強行しながら、パレスチナ人を壁と銃で包囲して牢獄生活と同じ状態に追い込み、自爆による絶望的な反撃に誘い出す超危険な軍事集団がある。主に大きく報道されるのは自爆だけで、牢獄状態についての報道はゼロに近い。

シャロンのようなユダヤ人武闘集団は、アラブ・イスラム社会では侵略者という悪い意味をこめて〝シオニスト〟と呼ばれている。イスラム教徒との武力対立を煽り、パレスチナ人と連帯するイラク民衆を〝憎悪すべき危険な敵〟として槍玉にあげてきた。シオニズムそのものは、ヨーロッパで迫害を受け続けるユダヤ人が、聖書にあるシオンの丘に戻って自分の故国とするイスラエル建国の思想で、流浪の民の純粋な悲願だった。ヨーロッパ在住のユダヤ人ジャーナリスト、テオドール・ヘルツルが一八九六年にユダヤ人国家をパレスチナに建国する考えを提唱し、翌年に世界シオニスト会議をスイスのバーゼルで組織してスタートした運動である。

しかしその半世紀後の一九四八年、ナチスの虐殺と迫害を受けたユダヤ人たちがパレスチナに強引にイスラエルを建国してからは、中東戦争を通じて、本来そこに住んでいたアラブ人を武力で排除することがシオニズムの目的に変質し、〝シオニスト〟はパレスチナ侵略者の代名詞となった。ヨーロッパ人によるユダヤ人迫害の後始末を、無関係のアラブ・イスラム世界に押しつけたのが、イスラエル建国を認める一方的な国連決議だったからである。それと同時に、アメリカ・ユダヤ人委員会を侵略的シオニズムが支配するようになった。彼らは、パレスチナ人の代表機関PLO（パレスチナ解放機構）とパレスチナ自治政府がすでにイスラエルを国家として認めたのちも、パレスチナ人との平和共存を実力で妨害し続けてきた。

声高に語る好戦家がアメリカのシンクタンク〜ホワイトハウス〜ペンタゴンを支配的に動かす大きな勢力となっているところに問題がある。

シャロンの政策を讃美し、シャロンと密接な関係を持ってきたユダヤ人が、国防副長官ウォルフォウィッツ、副大統領首席補佐官リビー、国防政策会議議長パール、国防次官ファイス、ホワイトハウス報道官フライシャー、スピーチライターのフラム、保守派の論客・元首席補佐官クリストルから成るペンタゴンの陰のサークル——前述のネオコン七人組だったのである。彼らは全員がユダヤ移民の子孫なので、WASPが築いてきた保守本流ではない。保守本流にとりついて本体をむしばむという意味でのネオコンである。

ネオコンの始祖アーヴィング・クリストルについては、世界革命を求めるトロツキストからの転向者である、というイデオロギー的な解説がしばしば見られるが、それは本質論ではない。一九一七年のロシア革命の父レーニンに対して、彼の下で赤軍を創設し、軍事人民委員（軍事大臣）をつとめたレフ・トロツキーはレーニンのソ連一国の革命主義を批判し、世界的な革命を主張した。そのため彼の思想を汲むトロツキストとは〝極左的な世界革命家〟と解釈されてきた。しかしトロツキーは、レイブ・ブロンシュテインとしてウクライナに生まれたユダヤ人である。一九六九年に初めて女性としてイスラエル首相に就任し、パレスチナ人に対する原爆攻撃さえも計画したゴルダ・メイアもウクライナのキエフ生まれで、彼女の社会主義運動とトロツキーは重なり合う。ブルジョワ地主の息子だったトロツキーが、立場の反する共産主義革命に参加した真の目的は、ミュージカル映画『屋根の上のバイオリン弾き』に描かれた主人公一家と同じ、おそろしいばかりに差別され、ゲットーにとじこめられる世界中のユダヤ人の解放にあったので、ソ連国内にとどまる革命には関心がなかった。農民と手を組んで蜂起したクロンシュタットの水兵の反乱を鎮圧するため、赤軍のトップとして虐殺を指令したトロツキーは、飢餓に苦しむ農民の味方でもなかった。

スターリンに追放されてメキシコで暗殺されたトロツキーの娘ジナイーダには、ダヴィッド・アクセルロッドという孫があった。彼はニューヨークからイスラエルに移住し、一九九〇年にイスラエルの極右組織カハのメンバーとしてパレスチナ人に対する破壊工作を続け、十一月にはイスラエル警察に殺人容疑で逮捕された危険人物である。その思想は、パレスチナ全土に大イスラエルを建設し、すべてのパレスチナ人を追放せよと主張しながら、入植地建設を進めるというものだ。まさしくネオコンの政策である。クリストルが自らの信条をトロツキストから保守への現実的転換と説明するのは、パレスチナ問題を隠すためである。アクセルロッドのような考えや、〝政権に寄生する正統派ユダヤ教徒〟は、イスラエル国内でごく一部であり、ユダヤ人社会では嫌われている。しかしクリストルたちの意図は、シャロン的な軍事手法で「アメリカ合衆国をイスラエル化」して、ユダヤ人の国を守ることにある。

言いがかりをつけて相手（イスラム）を叩けば、必ず反撃がくる。その反撃を受ければ、こちらの軍事勢力が立ち上がる。世論も、身の安全を求めて共についてくる。かくて攻撃と反撃がエスカレートする。シャロンはイスラエル国内でその手法を続け、首相の座を守ってきた。九月十一日事件後、同じ手法がアメリカで実施され、ペンタゴンを〝イスラムの敵〟の立場に立たせることに成功したのである。

ネオコンではない軍需財閥のアメリカ保守本流は、ベトナム戦争で敗北した教訓から〝勝てる勝負〟でなければ手を出さない主義だが、ホワイトハウスがネオコンに踊らされ、勝てない勝負に乗り出した。このまま進めば、アメリカもイスラエルと同じように治安が悪化するばかりである。ネオコンは思想家や知識人扱いされるが、実業では実務経験がなく、戦争にもまったく実戦経験がなく、無知の塊である。そのため兵士を戦場に送る本物の軍人は、ネオコンに主導されるラムズフェルドに不満を抱きながらイラク攻撃に参加してきた。大統領命令で開戦した以上、彼らは勝たなければならない。

人類は、ネオナチとネオコンという二つの怪物と戦わなければならないのである。彼らはイラクをどのように扱うつもりだったのか。

二〇〇三年四月に米軍がイラク全土を軍事的に制圧後、アメリカ特殊部隊によって訓練され、勝手に〝イラク解放戦士〟と名乗る六〇〇人のイラク人部隊が、米軍によってイラク北部に空輸された。ペンタゴンの操り人形として動くイラク国民会議という組織である。CIAと国務省の高官たちは、「国外逃亡者が組織するイラク国民会議はイラク国民に人望がない」と反対したが、好戦的シオニストの国防副長官ウォルフォウィッツが猛烈に支援し、米軍が勝手に国民会議から幹部の人選を始めた。国民会議の兵士は高給をもらい、何をするにも米軍と共同行動をとった。この横暴な方法が、彼らの言う〝中東の民主化〟だったので、たちまちイラクの民衆から猛烈な反発が起こり、連日アメリカ兵が狙撃される混乱状態を招いた。

最大の謎は、どのようにしてクリストルたちが生計を立てているかである。ネオコンがCIAや国務省を無視し、これほどまでにワシントンで力を持つには、誰か大物パトロンからの資金援助がなければならないが、資金はロスチャイルド財閥から出ていた（第四章のシンクタンクの項にそのメカニズムを示す）。この事実を知って、先に示した新保守主義者の主張を読み直すと、きれいに謎がとける。彼らは初めから心にもない嘘を口走ってきた。好戦的シオニストが、最も嫌いなイラク民衆に愛情を持つはずがない。独裁者の圧政に苦しむ「イラク国民解放のために」米軍がイラクを攻撃するという主張は、とってつけた口実としても笑い話である。

新保守主義のトリック

彼らの軍事攻撃作戦を実行させた契機は、二〇〇一年九月十一日、世界貿易センタービルを崩壊させ、ペンタゴンビルを炎上させたゲリラ攻撃事件にある。忘れようとしても、日を追うごとに事件の意味は重くなる。死者の数はほぼ三〇〇〇人なので、歴史家の中には、「今のアメリカ人は大騒ぎするが、あのような悲劇は第二次世界大戦やベトナム戦争に比べれば大した出来事ではない」と冷静に評した人さえいた。その通りだ。しかし別の事実はそうではない。あの航空機ゲリラ攻撃を仕組んだ人間の着想の突飛さに、新たな教訓が潜んでいた。第二次世界大戦後、アメリカやソ連、ＮＡＴＯ幹部らが営々と語り続け、自らも信じてきた「敵国より強力な兵器を保有することが国を守る」という軍事理論がすべて吹き飛んだ。それは、人類が初めて試みて成功した、世界最強の軍事国家アメリカ攻撃法という最大・最悪の知恵であった。

軍事関係者は過去何百年にわたって、殺傷力の高い兵器を考案してきた。ところが戦争反対論者と好戦家のいずれもが論じていた兵器の威力は、わずか三機のジェット旅客機によって、貿易センタービルが砂のように崩れ落ち、ペンタゴンが燃え上がった瞬間、概念もろとも土台から崩れ去った。ペンタゴン幹部は全人生と全人格を否定されるショックを受けた。

「なんと簡単に、大量の人を殺すことができるのか」

「それにしても、なんと見事な軍事計画が実行に移されたことか」

という賛嘆まじりの声を耳にして、胸をかきむしったネオコン・サークルは、九月十一日事件の復讐としてイスラム教徒を攻撃したいがため、アメリカの巨大軍隊をけしかけて公然たる殺戮行為に突入させたのである。軍部も同じ憎悪に燃えていた。九月十一日に九死に一生を得たラムズフェルドがアフガンのタリバンたちを評した数々の発言は、ベトナム戦争時代に米軍幹部や米兵がアジア人を動物にたとえた侮蔑的な言葉とそっくりで、それがアメリカ人のあいだに広がったイスラム憎しの感情に共鳴した。ニューヨークで三〇〇〇人殺されたなら、三万人でも三〇万人でも殺さなければ気がすまない。ところが倒すべき敵が定かではない。そこでアフガン攻撃を皮切りに、論理性のない、非常におそろしい復讐が始まったのである。

それに続くイラク先制攻撃は、圧倒的な武力による恐怖をイスラム世界全体に与えることを目的としたものだ。彼らはアメリカの敵が地球上に存在することを許さないと豪語したが、イスラエルから見れば、パレスチナ人の抵抗運動インティファーダを支援してきたのはイラクである。隠された標的は〝イスラエルの敵〟の抹殺にあった。そのストーリーにイスラエルが登場すれば種が見えてしまい、国際社会からパレスチナ侵略の激しい批判を浴びる。彼らはクリントン政権時代から、戦略的シオニストの姿を隠すため、「アメリカの新保守主義」という衣と仮面をつけ、キリスト教保守派をとりこむ戦略を進めてきた。そして予期せずアメリカが大被害を受けた九月十一日事件を、全米をとりこむ絶好のチャンスととらえて、先制攻撃へと一挙に論理を飛躍させたのだ。

ネオコンの主張は次のように一貫性がなく、ころころ変り、根拠となる事実もなく、論理が粗雑で、世界中から嘘を見破られた。

□テロを根絶する戦いをしなければならない。→□テロリストを支援するイラクを攻撃しなければならない。→□大量破壊兵器保有国を先制攻撃しなければならない。→□中東イスラム世界を民主化しなければならない。

この次に、彼らはどの国を侵略せよと言い出すか分らない。〝ブッシュの戦争〟と呼ばれたイラク攻撃は、本来はアメリカ全体によるイスラム攻撃ではなかった。「他人の家に押し入って、出てゆけと命ずる」ような行為に、かなりの数のアメリカ人が疑問を抱き、反対した。ところが数としては、背後のグループに過半数の世論が誘導され、九月十一日事件によるイスラム教徒に対する憎悪の感情が、クリストルたちの主張に強く共鳴した。アメリカ国民がリンチを煽《あお》られたのである。戦争に反対する世界も、〝ブッシュの戦争〟という言辞にまどわされた。しかし良識は、イラク先制攻撃必要論者に尋ねた。

□イスラエルが一九六七年のパレスチナ侵略拡大以来、国連安全保障理事会決議二四二に違反してパレスチナ占領を続けている暴挙を、アメリカは一度も指摘しない。なぜなのか。

□ラムズフェルドたちアメリカの軍部は一九八〇年代、サダム・フセインが化学兵器などの大量破壊兵器をイラン人に対して使うことを黙認した重大な戦争犯罪について、一言の反省もない。サダム独裁体制をつくったのは自分たちではないのか。

□イスラエルが数百個にのぼる原水爆と化学兵器を保有していることは、世界周知の事実である。そのイスラエルをアメリカはなぜ非難しないのか。

□アメリカ政府のテロ対策エキスパートのほとんどが、「ウサマ・ビンラディンは世界貿易センタービル崩壊事件に直接関与していない」と判断している。この驚くべき事実は、二〇〇三年に入って〝ニューヨーク・タイムズ〟の片隅に報じられたが、ほとんど知られていない。アフガン攻撃とは何だったのか。テロを議論する人間が、この事実について世界に対して口をつぐんできたのはなぜなのか。

□イラクが大量破壊兵器を保有していた証拠はどこにあるのか。イギリス政府は、イラク先制攻撃の正当性を宣伝するため、二〇〇三年二月三日に「イラクの隠匿、虚偽、脅迫」と題する文書を公開した。ところがその内容は、一九九一年の湾岸戦争時にアメリカの大学生が雑誌に発表した古いカビの生えた論文を盗用したもので、二〇〇三年のイラクの兵器保有状況とはかけ離れていた。このことは、イギリス首相官邸がイラク資料を捏造《ねつぞう》してプロパガンダを広めた事実として、イギリスのテレビ局〝チャンネル4〟が証拠を突きつけ、世界中に公開した。その報告をアメリカのコリン・パウエル国務長官が二月五日の国連安全保障理事会で讃えて引用したため、ヨーロッパで「パウエル報告は笑うべきものだ」とみなされた。これほど重大な事実について、まともな議論をしないのはなぜなのか。

□アメリカ政府は二〇〇二年十二月に、イラクがニジェールから核兵器原料のウランを秘かに輸入した証拠文書なるものを国連に提出し、それこそイラクの大量破壊兵器製造の証左だと宣伝した。その文書も捏造されたことが明らかになった。イラク攻撃開始の数日前(三月十四日)に、このアメリカの卑劣な行為に驚いた石油王四代目の上院議員ジョン・D・ロックフェラー四世が、偽造者と偽造経過についてFBIに調査を求めるよう要求し、パウェル国務長官らを窮地に追い込んでいたはずだ。

アメリカとイギリスは、どこまで堕落し、危険な国家なのか。

先に紹介した新保守主義者七人と、副大統領候補リーバーマン、手錠をかけられて逮捕されたエンロン最高財務責任者ファストウの共通項は、ユダヤ人というより、強烈な戦略的シオニストである。イラク攻撃中のペンタゴン戦略会議には、クリントン政権の国防長官ウィリアム・コーエンと、カンボジア空爆を強行したニクソン〜フォード両政権のCIA長官・国防長官ジェームズ・シュレシンジャーも招かれた。彼らには共和党と民主党の壁はなく、好戦的シオニストという共通項がある。

中東に平和を望み、反戦運動を続けてきた愛すべきユダヤ人ではない。

初めから大嘘を出発点としたので、そのあとに持ち出した「大量破壊兵器」も「イスラム世界の民主化」も、とってつけた口実だった。イラク攻撃開始後、「大量破壊兵器が発見されなくともイラク攻撃は正しい」とする意見が七割を占めたアメリカの世論は、常軌を逸して、リンチ感情を示す証左となった。「中東を民主化せよ」という言葉ほどあからさまな矛盾はない。サウジ、クウェート、カタールなどが完全に民主化されれば、これまでのように親米王室を抱き込んでも、アメリカは中東を自在に操れなくなる。石油利権交渉は一層熾烈なビジネスとなって、石油メジャーは悲鳴をあげる。ブッシュを大統領に担ぎ上げたアメリカ財界が最もおそれるのは、中東に真の民主化が進むことである。現在のアラブ諸国で公正な選挙をおこなえば、圧倒的な人気を誇る反米感情のイスラム宗教政党が政府と議会を動かすようになるのだ。アメリカの利権者の誰がそのような中東を望むものか。

こうした事実は、日本ではほとんど知られず、〝ネオコン〟や〝原理主義〟の言葉にまどわされてきた。しかしヨーロッパやイスラム世界では常識であり、特にヨーロッパでは「アメリカは見えないユダヤ人グループに中枢を握られた」と語られてきた。現在のアメリカでは、この核心を指摘すると、見当違いもはなはだしい〝反ユダヤ主義〟のレッテルを貼られるので、タブーである。民主党の下院議員ジェームズ・モランはイラク攻撃開始直前、「ユダヤ人がイラク戦争に導いている」と率直な指摘をしたため、たちまちアメリカのユダヤ人議員から激しい攻撃を受け、謝罪に追い込まれた。

良識が最終目的とするのは、パレスチナとイスラエル、そして中東全域とアメリカに平穏な生活がやってくる日である。しかし二十〜三十年後には、アフガン攻撃とイラク攻撃で殺され、屈辱を受けた親に代って次の世代のイスラム教徒が育っている。イスラムの教えは、邪悪な攻撃に対する聖戦を掟としている。報復を必ず成功させようと思えば、勝機が訪れるまで待つ。これから何が起こるか、アメリカは予測する能力をまったく失ったのである。

鍵を握るパレスチナ問題

実は、二〇〇三年のイラク攻撃の源となった感情の連鎖をたどると、次のような保守派と軍需産業の連携プレーにたどりつく。

ブッシュが二〇〇三年三月十七日のテレビ演説でイラクに最後通牒を突きつけた時、すでにその一ヶ月前の二月に、イスラエル最大の軍需企業イスラエル航空機産業ＩＡＩが、世界最大の航空機メーカー、アメリカのボーイングと重要な契約に調印していた。イスラエルは、イラクから飛来する可能性がある弾道ミサイルを迎撃できるミサイルシステム〝アロー〟をすでに開発・保有している。実戦配備された世界で唯一の高性能ミサイル迎撃システムだ。湾岸戦争で喧伝された迎撃用のパトリオット・ミサイルは名ばかり売れて、実戦には役立たない。イスラエルは〝迎撃ミサイル・アロー〟の開発に参加したが、実際の開発と製造には、アメリカの一五〇社以上が参加してきた。今度は、その部品製造の五〇パーセントをアメリカ国内でおこなうという契約をボーイングがイスラエルと締結し、翌月にイラク攻撃が開始されたのである。その前には、ロッキード・マーティンがイスラエル軍需産業と巨額の契約を結んでいた。

かつて三十年前に私がイスラエルで会ったユダヤ人たちは、アラブ人との激しい戦闘で殺し合いをしながらも、「パレスチナのアラブ人の生活権をどう考えるのか」と尋ねると、押し黙って答えず、無言の中に「われわれはガス室で虐殺されてきたのだ。分ってくれ」と目で答えた。「パレスチナの土地はアラブ人に自然で合っているが、ユダヤ人に合っていない」と語る老人もいた。彼はトーマス・マンの親友だった。彼らはむきだしの憎悪ではなく、やむなく戦っているという意味を知っていた。しかし現代のネオコンはアメリカに住み、頭だけで思考する。イスラム教徒を憎むだけでなく、アメリカ人やユダヤ人にも真の愛情を持たない。彼らの意図とはあべこべに、彼らの言動が原因となって、世界的に、特にヨーロッパから中東、アフリカ、アジア全土に新たな反イスラエル・反ユダヤ感情が急速に広がっている。昨日までイスラム教徒と仲良く生活していたユダヤ人たちが生きるのに恐怖を覚えなければならない危険な状況をつくりだしているのが、イラク攻撃を煽動してきたグループなのである。

一方、「ネオコンの巧みな煽動」だけでイラク先制攻撃の愚行を説明できないことも明らかだ。ブッシュは史上最低の大統領に堕したが、ホワイトハウスで彼と行動を共にした大量のブレーンは、なぜあの無知な男を止めなかったのか。ウォルフォウィッツやパールが攻撃を煽ったのは事実だが、攻撃前にチェニー副大統領、ラムズフェルド国防長官、パウェル国務長官、コンドリーザ・ライス大統領補佐官らが連日、先制攻撃必要論を語っていたのだ。その論者の中には元副大統領クエールもいた。イギリスのブレア首相も、スペインのアスナール首相も、イタリアのベルルスコーニ首相も、日本の小泉首相も、世界の良識を知りながらブッシュの飼い犬を演じ続けた。彼らはユダヤ人でもシオニストでもない。半年以上も三流芝居のショーを地球が目撃した通り、大統領とネオコンだけの問題でないことは明らかだ。

アメリカ国民が持っているイスラム攻撃を愉しむリンチ感情は、九月十一日事件によってアメリカ人の生活がにわかに危険になったためにふくれ上がったものである。イラク攻撃に賛成した人、反対した人を問わず、彼らは日夜おびえて生きなければならない。アメリカが安全にならない限り、世界も安全にならない。アメリカ人の生活を脅かすイスラム教徒の怒りの根源は、ベーカーが危惧したように、パレスチナ問題にある。それについて、誰もが真剣に議論すべき時である。日本でも同様に、この問題と、第二次世界大戦までのユダヤ人差別を混同して、議論を避けてきた。

平和を口にする人が、イスラム諸国に発生した正当な怒りの根源を正視せず、〝テロ〟と切って捨て、〝暴力の連鎖〟という言葉を濫用することが、最大の問題なのである。「戦争もテロも反対」と言った瞬間に、解決は遠のくのだ。ブッシュ政権が二〇〇三年にとりかかったパレスチナ国家樹立のためのロードマップと呼ばれる指針は、国連で決議された次の四つの最低限の条件を満たさない限り、パレスチナ民衆は受け入れない。

□パレスチナ領土内からのイスラエル兵の完全撤退。
□パレスチナ難民の郷里への帰還。
□イスラエルによって不法占領されている聖都エルサレムのアラブ人街の解放。
□パレスチナ領土内のユダヤ人入植地の撤廃。

パレスチナ側の代表者がアラファト議長であるか新首相アッバスであるかを論ずるのは、無意味な議論である。イスラエルに和平をもたらす鍵は、日々イスラエル軍から攻撃を受けて追いつめられ、自殺攻撃さえ決意するに至ったパレスチナ民衆の絶望感にかかっている。イスラムの思想、戒律、政治制度、ユダヤ教との対立が、学者や中東通によってしばしば語られるが、文化論・文明論・宗教論も、目の前のパレスチナ紛争の原因とは関係がない。国際社会としての役割は、イスラエル建国を認めるパレスチナ分割決議案をアラブ連盟が拒否したにもかかわらず、一九四七年十一月二十九日、国連総会がパレスチナ分割決議を賛成三三、反対一三で採択し、イスラエル建国を認めた責任者である以上、イスラエルによるパレスチナへの不法な占領と難民発生という歴然たる現実問題を解決することである。

ネオコンが大統領を取り巻く限り、ロードマップ履行違反を口実に、米軍がパレスチナ人に対して大がかりな攻撃に乗り出すシナリオも杞憂ではない。人類は、第一次世界大戦後のヴェルサイユ講和会議で大国の陰謀の渦中に決定した中東イスラム諸国の国境問題を、現在もまだ解決していないのである。

大統領就任以来ことあるごとに〝ブッシュのアメリカ〟、〝ブッシュの戦争〟と、無知なブッシュをいたぶるかのような快感を味わいながら、事実経過を大統領の責任として類型化してきたが、彼が無知であるなら無知であるほど、こうした問題について判断力を持たないはずだ。フリードマンが指摘した通り、仲間のサークルや軍部の集まり以外には恥ずかしくて人前に出られず、サミットから逃げ出すほど、反論者の前では議論もできない史上稀に見る大統領だ。

ところが二〇〇〇年の大統領選挙戦中、十月三日に副大統領ゴアとテレビで対決した最も重要な討論会に臨むと、「米軍の派遣には慎重になるべきである。米軍は世界中の至るところにちょっかいを出しすぎている。私はアメリカが世界の警察官になることを望まない」と発言したのが、ほかならぬブッシュだったのである。

民主党のクリントン〜ゴア政権は、一九九八年十二月に問答無用でイラクの首都バグダッドに大規模なミサイル攻撃を仕掛け、病院などで多数の死傷者を出すと、九九年にはヨーロッパ全土の反対を無視して国連の承認もなくNATO軍を率いてユーゴ空爆を強行し、世界中の米軍機がバルカン半島に集まったと言われるほどの攻撃で民間人一〇〇〇人以上を含む人たちを大量殺戮した。アルバニア系イスラム教徒を守ると言いながら、結果として、一〇〇万を超すイスラム教徒が難民となった。アフガン攻撃とイラク攻撃でその残忍さが問題となった巨大爆弾GBU28、通称バンカーバスターを初めて使用し、地下軍事施設を破壊したのは、クリントンによるユーゴ空爆だった。この作戦を強行したコーエン国防長官が、二〇〇三年にラムズフェルド国防長官との戦略会議に出席し、イラク侵攻作戦に関わってきた。

それに比べ、大統領候補時代のブッシュが国外への軍事攻撃に走る危険性は明らかに小さかった。ユーゴからの米軍撤退と沖縄米軍基地縮小を提唱した彼は、テキサスの〝田舎者の朴訥《ぼくとつ》さ〟を持っていると期待されもした。ニューヨークやロサンジェルスの大都会と違って、人口が少ない州の住民は、ウォール街など大都会のバンカーにホワイトハウスが牛耳られることに不快感を抱き、民主党からブッシュ共和党への変化に一縷《いちる》の希望を抱いた。その上、遺産相続税を撤廃して資産確保を目論む欲深い企業経営者たちは、ウォール街の株価急落後、ブッシュなら操りやすいと見て共和党支持に回り、かろうじて投票数の半数近くを獲得した男がホワイトハウスにすべり込んだ。

ところが世界貿易センタービル崩壊事件後、その男がいきなり世界中に向かって「お前の国はアメリカとテロリストのいずれにつくか。敵であるなら容赦しない」と威嚇《いかく》し、たとえようもなく高慢不遜な人間に豹変した。ホワイトハウスを自分で動かせると勘違いするようになったのだ。彼がそこに至るまでには、誰かを頼ってきたはずである。ブッシュを大統領に祭り上げた保守派の共和党サークルとは何か。ここまでの物語に、大きなヒントが暗示されている。あらゆる国で、一方に国民の利益を吸い上げる大都会があるなら、その一方で汗にまみれ、華やかさと無縁に生きる農村などの地方都市があり、人々はかなり違った考えや知識と体験を持っている。そのあいだには、経済的な対立と、心理的な対立がある。

背後に横たわるアメリカ大陸のミステリーは、アメリカの産業経済メカニズムに潜んでいる。大統領ブッシュを陰で操り、ホワイトハウスの人事を次から次へと決定してきた男——チェニー副大統領と、彼に選ばれて二〇〇三年二月三日、新財務長官に就任したジョン・ウィリアム・スノーの過去のつながりに、である。

石油のための戦争という誤解

ベーカーが危惧したアメリカ経済への損害は、どれほどのものだろうか。損害を超えるほど大きな利益を、イラクの石油利権が生み出すのか。

イラクの原油埋蔵量は、サウジアラビアに次いで世界第二位であり、油田の権益獲得のためにイラク攻撃を仕掛けたという陰謀論は最も分りやすい。しかし、もしここで人類が判断を誤れば、現在のアメリカの危険な本質を取り違え、世界中が百年前の混乱状態に戻るおそれがある。先に述べたように、イラク侵攻は過去の湾岸戦争と同じ単純な石油利権獲得のために起こされた軍事行動ではない。動機は間違いなく、アメリカ国民のあいだに新たに芽生え、広がった報復感情にある。

広く語られる石油陰謀論に乗って、「イラク攻撃が終った」と人類がたかをくくって放置すると、アメリカはますます増長し、世界各国への脅迫行為を続ける。「アメリカが石油を奪うためにイラク侵攻を強行したのではない」と、正反対の仮定に立って初めて、ホワイトハウスの危険性が分る。事態を正確につかむために、石油のためのイラク侵攻ではないことを実証しておく。

全世界から原油を掘り出し、浪費する広大な大陸国家アメリカにとって、石油がなければ自動車と航空機の輸送に頼る社会生活は成り立たない。アメリカ人は子供から老人まで毎日平均一人が一升瓶六本の石油を浪費しながら、歴代ホワイトハウス幹部は日々偉そうに世界に訓示を垂れてきた。アフガニスタンでは四人家族が二週間に一升瓶一本足らずを細々と分けて使っている時に、一人当たりその三七〇倍である。世界人口の五パーセントにも満たない国が、石油の四分の一を使うという無法がまかり通ってきた。

スタンダード石油を創業したロックフェラー財閥を中心とするアメリカのメジャー資本は、過去二度のオイルショックを利用して天文学的な利益を手にし、オイルマネーがホワイトハウスの主を決めるほど政界に大きな支配力をおよぼしてきた。そのため中東・イスラム世界では、図2に示したように数々の戦争と紛争が起こされた。

これらはすべて、油田採掘権をめぐるイギリスとアメリカの連携プレーによって引き起こされた。数次にわたるパレスチナ中東戦争をはじめとして湾岸戦争に至るまで、石油と天然ガスへの醜い欲望が、中東に戦乱を招いた例証には事欠かない。図に示したすべての紛争の経過は、二〇〇二年に発刊した『世界石油戦争』と『世界金融戦争』（ともにNHK出版）に紛争責任者たちの閨閥と金脈を実証したので、本書では省略する。世界貿易センタービル崩壊の最大の原因となったパレスチナ・イスラエル問題とオスロ和平合意崩壊の経過は、『世界石油戦争』に

図2　中東イスラム世界でアメリカとイギリスが起こした主な戦争と紛争

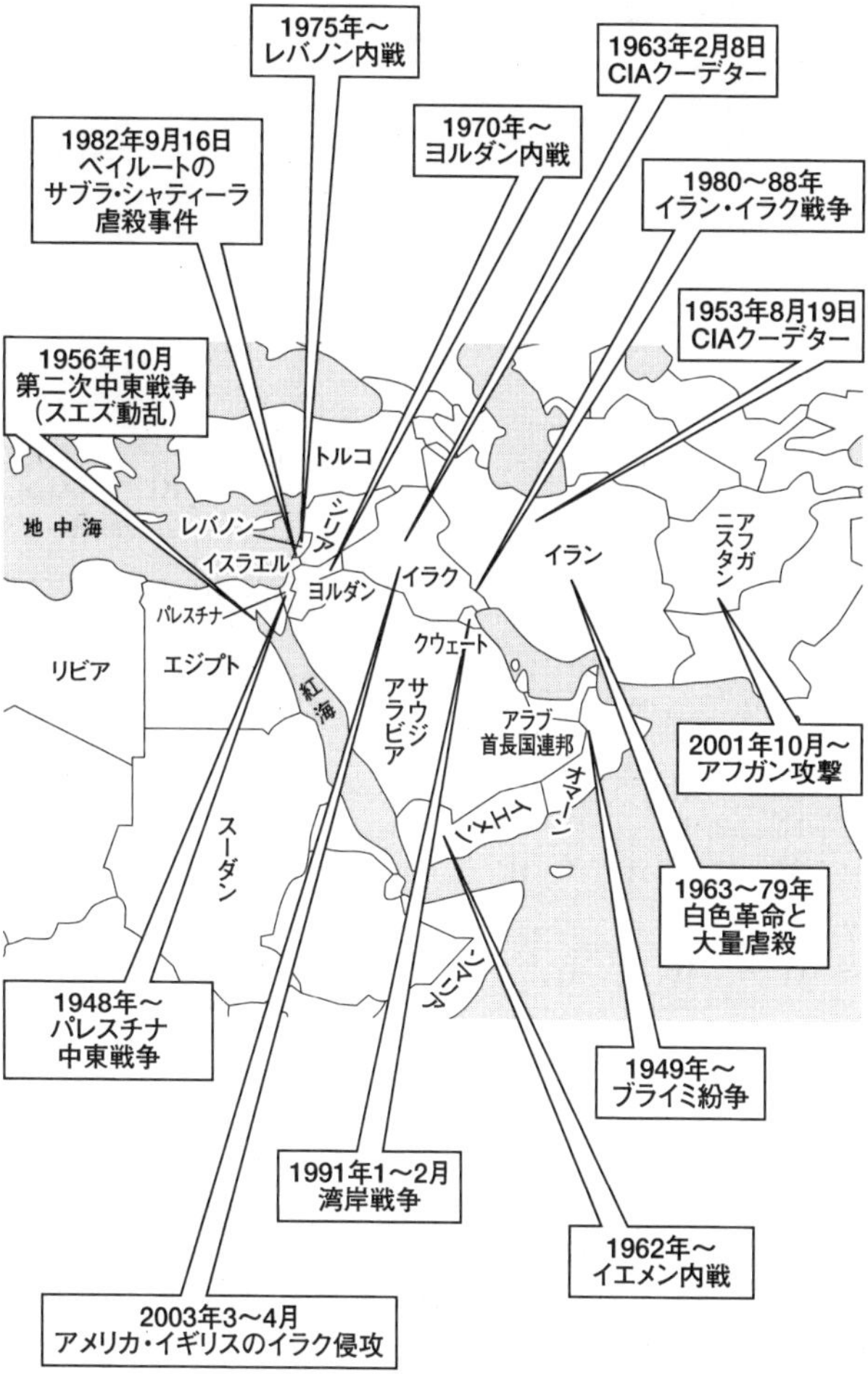
1975年～
レバノン内戦
1963年2月8日
CIAクーデター
1982年9月16日
ベイルートの
サブラ・シャティーラ
虐殺事件
1970年～
ヨルダン内戦
1980～88年
イラン・イラク戦争
1953年8月19日
CIAクーデター
1956年10月
第二次中東戦争
（スエズ動乱）
トルコ
地中海
レバノン
シリア
イスラエル
ヨルダン
イラク
イラン
アフガニスタン
パレスチナ
クウェート
リビア
エジプト
紅海
サウジアラビア
アラブ首長国連邦
オマーン
イエメン
スーダン
ソマリア
2001年10月～
アフガン攻撃
1963～79年
白色革命と
大量虐殺
1948年～
パレスチナ
中東戦争
1949年～
ブライミ紛争
1991年1～2月
湾岸戦争
1962年～
イエメン内戦
2003年3～4月
アメリカ・イギリスのイラク侵攻

詳述したので是非読まれたい。

その二書に述べた通り、ブッシュ政権をつくる人間の多くがオイルビジネスに関係し、現在もカスピ海周辺の油田にその人脈を拡大しつつある。父ブッシュ大統領はロックフェラー財閥に密着して油田開発に成功、ザパタ石油経営者として大きな私財を築いたが、息子は無残な失敗続きのテキサス石油業者あがり。サウジの利権に深く関与する石油エンジニアリング会社ハリバートン会長だったチェニーが副大統領となって、イラク侵攻を鼓舞した。倒産するまで巨大エネルギー企業エンロン重役だったトマス・ホワイトが陸軍長官となってアフガン攻撃を陣頭指揮し、シェヴロン（旧スタンダード石油）重役だったライスが国家安全保障を担当する大統領補佐官となり、石油・天然ガス会社会長ドナルド・エヴァンズが商務長官となった。黒いゴールド、石油人脈がブッシュ政権を誕生させたことに反論の余地はない。ところが意外にも、アフガン攻撃からイラク攻撃まで続いた軍事行動の動機は、その石油ではなかった。

アメリカを批判する側も問題を混同しがちだが、「アメリカが石油のためにイラクを攻撃した」と主張することは、「アメリカが利益を得るほどブッシュ政権は頭がいい」と主張することにほかならない。自国の経済さえ運営できない集団の頭がいいなどという説に賛成するわけにはゆかない。ブッシュ政権発足以来二〇〇三年六月まで、全米の就労者の数がマイナスを記録し続けたが、これは大恐慌を招いた一九三〇年代のフーヴァー大統領以来初めてという恥ずべき経済統計なのだ。まず気づかなければならないのは、ブッシュ政権は知性に欠け、エヴァンズを除いて実業の実務者がいないという事実である。ブッシュ、チェニー、ラムズフェルド、ライス、ホワイト、全員が利権者であって、成功した実業家ではない。

誰も見ていない砂漠で〝アラビアのロレンス〟が暗躍してイギリスの陰謀通りに油田を確保した過去と、〝アラビアのブッシュ〟と揶揄される大統領がみなの見ている前で虚言を重ねる時代を、同等に比べてはなるまい。誰が利益を得るかという問題を議論するには、誰が金を出すかということを頭に入れる必要がある。すべては出費と利益のプラス・マイナスにある。

アメリカとイギリスはイラク制圧後、早速に占領政策を打ち出した。そこに、イラク侵攻に反対したフランス、ドイツ、ロシアをイラク復興事業から排除する性格が露出したので、これは石油陰謀論の通りと多くの人は確信したに違いない。しかし国連でフランス、ドイツ、ロシアがイラク侵攻に賛成していれば、イラク攻撃はもっと迅速に実施に移されていた。その場合は、三国をイラク復興事業から排除しなかったはずである。したがって、アメリカが軍事行動を起こした動機は、初めから利権を独占するのではなかったことが明白である。シラク大統領、プーチン大統領、シュレーダー首相による三国からの強硬なイラク攻撃反対は、ブッシュ政権にとって予測外の出来事だったのだ。

愛国主義に燃え上がるアメリカ議会は、三国に不快感を覚え、とりわけ国連安全保障理事会でイラク攻撃承認決議への拒否権行使を明言したフランスに対して怒り、イラクを軍事制圧したあと、懲罰リンチとして三国や国連を排除する行動に出た。イラク復興事業では屍《しかばね》に群がる禿鷹《はげたか》のように醜いばかりの利権争奪戦をくり広げたが、これは建設会社ベクテル、ハリバートンなどのアメリカ企業がアメリカ国民の税金を奪い合ったにすぎないのであって、外国メディアが批判する話ではなく、アメリカ国内の悲劇である。しかし議会から軍事予算を無制限に引き出し、行き当たりばったりに進めた軍事侵攻のあと、そのままでは国益どころか大損害をもたらすことに、無計画なホワイトハウスがようやく気づいた。油田から上がる収入で穴埋めしようと次々と石油独占の手を打ち始めたが、それは石油利権ほしさより、金不足にあわてふためくブッシュ・ネオコン政権のぶざまな姿だった。ベーカーが警告した通りになったのだ。

二十一世紀の石油ビジネスは、ガソリンスタンドを経営する石油メジャーにとって、環境保護を柱とする大衆世論の支持なしには成り立たない。欧米では不買運動が非常に強い力を持っているからである。二十世紀前半までのように、イラクの油田をアメリカが占有するという植民地支配ができるなら陰謀論の通りになるが、ネオコン・グループは、うかつにも心にもない「中東の民主化」を攻撃の口実にしたので、イラクを植民地にすることは不可能である。

軍隊はイラクを占領できるが、原油を採掘し、販売して利益を上げるのは占領米軍ではなく、石油会社である。アメリカの政治家も圧力団体として動き回るだけである。外国を批判して敵をつくっては快感を味わうラムズフェルドは、これまで例がないほど未熟な外交頭脳だとメディアで絶えず批判され、油田開発の知識に関しても素人並みだった。石油のビジネスは、探査から採掘、輸送、精製、販売まで、一連のオイルシンジケートを国際的に構成する多民族の協同作業によって初めて石油が流れ出し、利益が出る。シンジケートとは利益共同体なので、全員の利益が保証されなければ分解する。特にサウジとエジプトのビジネスマンは、中東諸国のあらゆる事業で重要な役割を果たし、ヨルダンとレバノンの銀行家も鍵を握る。彼らは国境を越えた閨閥で結ばれ、感情を共有する。この原則を知らない二代目ブッシュ・ホワイトハウスが、占領後に軍事力で原油を思い通りに動かそうと考えたのは、勘違いもはなはだしい。

石油ビジネスを知らないのか、アメリカとイギリスが親米英政権をつくって、思い通りに油田採掘権をとるかのようなストーリーが横行したが、アメリカ政府やイギリス政府が、イラク新政府と油田採掘権の協定を結ぶのではない。イラクに本当の政府が誕生すれば、油田採掘権協定は、民間の石油会社がイラク新政府と進めなければならない公開された国際ビジネスだ。もし古くからあるこの商習慣をアメリカが無視して、軍隊で油田を独占し、他国を排除したなら、それは非常に面白い結果を導くだろう。それがアメリカのビジネスルールだというなら、ほかの国はすべてそれに倣《なら》って、これまで以上に世界貿易機関（WTO）や通商交渉でアメリカを追いつめる議論を進められる。ブッシュ政権の通商代表ロバート・ゼーリックは、これもネオコンに加えるべきイスラエル人脈で、WTOでのアメリカの権益を主張した彼の言葉は独善のかたまりである。世界各国は「自分の身を守るために、他人の意見に耳を傾ける必要はない」と、ネオコンの言葉でアメリカに主張すればよい。日本の農業はこれで復活できる。一番困るのは、貿易と金融のグローバリズムでもってきた経済が大崩壊するアメリカである。

戦争を望まない石油会社

石油会社が商習慣を無視すれば、無秩序というルールが横行し、世界各地で確保してきた権益の保証は武力だけになる。したがって、巨大な開発費用を出す石油会社に、そんな乱暴ができるはずはない。イラク石油事業の復興諮問委員会トップにシェル石油の社長だったフィリップ・キャロルが指名されたのは、無謀なアメリカ政府に石油メジャーが初めて実務者を送り込んだ正しい選択である。キャロルは利権者上がりではなく、テキサスの石油探査技師をつとめてきたエンジニアで、シェルから転じてエンジニアリング会社フルーア・コープの最高経営責任者もつとめた。実際、イラク占領後の五月下旬、米英軍が占領期間を取り決めて、アメリカとイギリスがイラクから早く出て行き、イラク制裁を解除するという案にフランス、ドイツ、ロシアが同意した。世界のメディアはアメリカの勝利と書いたが、実利は何もない。当面、石油収入はアメリカとイギリスが管理するが、これらの金はイラク中央銀行直属の新たなイラク開発基金とし、国際的な金融機関から派遣される代表によって構成される顧問会議と国連がそれを常時チェックし、彼らは会計内容を監査するため監査人を雇うことができるようにするというルールである。これでアメリカが基金を不当に流用すれば、国際的に信用を失う。

よくも悪くも〝知性〟を持つキャロルのような本物の実業家にとっては、イラク攻撃で利益を出せるかどうかが問題だった。ベーカーが計算したのは、石油採掘権と、原油価格と、原油生産量と、石油消費量の四次元方程式であり、ブッシュ政権の無謀なイラク侵攻作戦では、大軍の投入からイラク復興まで一〇兆円近い戦費と油田開発費を要して、アメリカにそれを上回る石油純益の見返りがくるということは考えられなかった。戦費の何分の一かを回収できれば上々だ。

ほとんどの人が忘れていることがある。第一に、石油会社はアメリカ政府がイラクを攻撃せず、親善外交を展開したほうが、はるかに確実に油田の権益を確保できた、という事実である。サダム・フセインを批判し続けたアメリカは、反米独裁者支配下のイラクから必要なだけ原油を輸入してきた。イラク侵攻のために財政収支・経常収支とも地獄に堕ちるほど巨額の軍事費を使い、世界から批判されてまで大量の死者を出さなくとも、もともとアメリカとイギリスの石油企業は容易にイラクの原油を入手できたし、実際、ほかの産油国でその実績をあげてきたのである。

アメリカにとって、二〇〇一年のＯＰＥＣ（石油輸出国機構）アラブ諸国からの全石油製品の輸入量は一一億バレル、そのうちイラクからは二・八億バレルだった。アメリカの全消費量のうちアラブ諸国すべてを合わせても一五・三パーセント、イラクだけでは四パーセントにすぎない。八パーセント近くを輸入した南米ベネズエラのほうが、アメリカの石油産業にとって、はるかに重大な懸念材料だった。ベネズエラのフーゴ・チャベス大統領は、二〇〇〇年八月十日にイラクを訪れ、フセイン大統領と会見した人物だからである。両国は、反米戦線を組んで世界の原油価格を安定させ、産油国と消費国の利益がバランスのとれる公正な政策を進めることで一致していた。アメリカ国務省がＣＩＡと組んで二〇〇二年にベネズエラでチャベス追放のクーデターを画策し、ぶざまにも失敗したのは、そのためである。

このような反米政権に対して、親米政権であるサウジアラビア、クウェート、カタール、アラブ首長国連邦も同じ仲間のＯＰＥＣ加盟国であり、原油生産量と原油価格を操作できる立場にある。しかし彼らは、世界最大の石油消費国アメリカが存在して初めて国家経済が成り立つ。彼らが石油を売らないとアメリカが困るのではなく、アメリカが石油を買ってくれないと困るのが、中東産油国・ガス産出国である。

カタールの首都ドーハ郊外アッサイリヤ基地にイラク侵攻拠点の米軍司令部が置かれ、ここに世界中の報道陣がつめかけ、米軍の発表があるたび、メディアは連日の大本営報道に明け暮れた。これは、二〇〇一年に世界最大の石油会社エクソンモービルが国営カタール石油と新しい燃料用のガス協定に調印したため、カタール政府がメジャーの意のままに動かされている内情を示した。小国カタールはガス王国でありながら、アメリカのアフガン攻撃中にWTOの閣僚会議を主催してグローバリズム経済の主役を演じさせられ、二重にしばられていた。中東産油国・ガス産出国のプラント技術は、油田探査・採掘に始まって、火災・事故処理、パイプライン建設、精油所建設、タンカー輸送、あらゆる分野をエクソンモービル、BP（ブリティッシュ・ペトロリアム）、ロイヤル・ダッチ・シェル、シェヴロンテキサコに依存している。建設会社ベクテルと、ロンドン金融界にも頼らなければならない。

しかし産油国側は、アメリカやイギリスの言いなりにもならない。原油価格とガス価格について石油会社と安易な妥協をすれば、すでに危機的な国家財政が破綻するからである。毎年数十億ドルの黒字をアメリカからかせいできた石油輸出大国サウジが、九八年には原油価格が年間平均一バレル一四ドル台にまで落ちたため、アメリカとの貿易収支で四三億ドルもの赤字になるという、非常事に直面した。石油会社が乗り越えなければならない厳しいビジネスは、昔のように王室個人に対する袖の下の籠絡だけで進められる時代ではない。

利権分与のパーセントをどのように決定するかという局面になれば、サウジ、クウェート、カタール、アラブ首長国連邦でターバンを巻いた石油ビジネス担当者はみな、石油会社を悩ませる。ロックフェラー財閥が巨大資本を投じ、半世紀かけてつくり上げた世界最大の原油採掘会社アラムコ（アラビアン・アメリカン石油）を、サウジアラビアは一九八〇年のハリド国王の時代にサウジ政府の完全所有にしてしまったほどである。これが、最も親米的だった国の現実だ。イラクにどのような親米政権をつくり、石油省にメジャー代理人を送り込んでも、いずれ必ずその日がやってくる。

第二に、アメリカで大量消費されている自動車用のガソリン燃料は、GM（ゼネラル・モータース）、フォード、ダイムラークライスラーのビッグ3が真剣に燃料電池車への転換を進めているため、やがては市場で大幅に取引きが縮小される運命にある。アメリカ政府と石油メジャーが大きな資本を投下して取り組んでいる将来計画では、これから主体となる燃料資源は石油でなく、発電所と燃料電池を動かすための天然ガスである。その点では、世界の埋蔵量の三割を占めるロシアと、中東ではイランとカタール、さらにトルクメニスタンなどのカスピ海諸国が重要で、イラクでは、キルクークなどに埋蔵する天然ガスは、全土の確認量でロシアの一〇分の一にも満たない。カナダの天然ガスに頼ってきたアメリカは、カナダの供給力不足に直面して深刻な状態にあり、やがてはアメリカ沿岸部でシャーベット状に眠っている大量のメタンハイドレートからガスを抽出する時代を、エネルギー省の賢者たちは脳裏に描いている。

第三に、アメリカ西部には、オイルシェールと呼ばれる巨大石油資源が眠っている。これは通常の原油と違って、泥板岩に含まれた有機物で、熱分解すれば容易に油が得られる。その埋蔵量は、世界の六割近くがアメリカ西部にあり、アラビア半島の原油全埋蔵量よりも多い。全世界を合計した原油の確認埋蔵量は一兆バレルだが、コロラド州、ワイオミング州、ユタ州の三州合わせてその二倍の二兆バレルのオイルシェールがある。テキサスの原油五三億バレルなど足元にも及ばない。アメリカ西部は事実上、世界最大の原油埋蔵王国なのである。一九七一年にアーマンド・ハマー会長率いるオクシデンタル石油がその一部の権益を買い取り、翌年にはオイルシェールから油成分を抽出するアメリカで最初の特許を取得した。採掘と精製のテストをしたところ、実際に油井のように油が流れ出て、精製しなくてもディーゼル燃料として使えるほど高品質のものが得られた。ハマーと組んでオクシデンタル石油の顧問弁護士から副社長になった利権者が、民主党ゴア副大統領の父アルバート・ゴア上院議員である。一九八六年に原油価格が一バレル一〇ドル近くまで下落し、議会がオイルシェール開発への補助を打ち切ったため開発は停滞したが、二〇〇二～三年には、大産油国イラク、ベネズエラ、ナイジェリアの紛争のため、オイルシェールの採掘原価二六ドルより原油価格が高くなった。「世界中の原油が枯渇に向かう時代になってから、アメリカが温存しておいたオイルシェールを掘り出して世界を支配する」と噂されてきたのは、そのためである。

現在の石油会社を経営する実務者とエンジニアの多くは、常々批判される環境問題で頭が一杯で、戦争を望んでいない。安価な石油製品を求め、浪費を続けながら環境保護を語る消費者の身勝手な要求に応えるため、政界ぐるみのロビー活動によってパイプラインをどのように敷設するか、新しい技術革新によって排気ガスをどうコントロールするかに苦労を重ねてきた。オイルマンにとっては、実のところ中東であれアフリカであれ中南米であれロシアであれ、原油がどこの国にあっても構わないし、オイルシェールでも充分だ。イラクに親米政権をつくれば永遠に油田利権が確保されるほど現代ビジネスが甘くないことを知っているし、イラクの原油がたとえ世界一の埋蔵量を持っていても、世界マーケットや人類の運命を決定する時代ではない。原油埋蔵量そのものが、石油メジャーによって操作され、原油価格とのバランスの上につくられる都合のよい数字であり、実態を知るのは限られたシンジケート集団幹部だけである。

彼らの当面の問題は、いかに自社に有利に、安価に安全にパイプラインを敷設して原油を輸送し、株主を満足させられるかにある。アメリカ人のほとんどが内心で気づいているように、イラク社会にまたしても強引な政策を押しつければ、イスラム教徒の怒りの火中に油を注いで反撃の口実を与え、アメリカ国内の危険性はますます高まり、九月十一日事件を再来させる。あらゆる民族感情を取り込んだオイルシンジケートの結束を崩せば、スムーズに石油ビジネスを動かすのに多大な苦労を要する。石油メジャーの輸送ルートは、中東のサウジでもクウェートでもカスピ海周辺でもゲリラ攻撃の目標となり、これまでの苦労が水泡に帰す。

ただ一つ、紛争が石油元売り会社に大きな利益をもたらすのは、原油価格の上昇である。ここまで説明してきた原油採掘権と、原油価格の利益が、混同されているのである。原油価格が下落すればOPEC諸国は苦境に立つと言われるが、それは石油メジャーにとっても同じである。一部で「イラク攻撃はOPEC崩壊が狙いだ」と言われたが、OPECが崩壊して原油価格が下がれば米英の石油メジャーも共倒れするので、これほど珍妙な説はない。年間平均の原油価格（世界指標とされるWTI＝ウェスト・テキサス・インターミディエート）で見ると、九九年の一九・三四ドルに比べて二〇〇〇年には三〇・三八ドルと、一バレルほぼ一〇ドル高騰し、エクソンモービル、BP（アモコ）、ロイヤル・ダッチ・シェル、シェヴロン、テキサコは、五社平均二・三五倍という純益を上げ、株価も高値を続けた。同様に、国連を舞台に論争が続いた二〇〇二〜三年のイラク攻撃開始までの一年間、原油価格は二五〜三七ドルの高水準を保ち、全石油メジャーはこの高騰で、二〇〇三年一〜三月期の利益が前年の二〜三倍以上を記録した。利益を出すために戦争をする必要はなく、危機を煽るだけで充分である。

このようにして地球上の経済を混乱に巻き込むのが原油価格である。WTI原油価格は、原油先物取引業者とウォール街の証券投機ディーラーたちの一部だけが知る中期的法則があって、高額の利益を上げられる仕組みになっている。その法則を時折変えれば見破られない。そうした不法なインサイダー取引きは、大きな資金力を持つ国際金融マフィアによって仕組まれ、それをヘッジファンドに組み込んで途方もない収益率を上げてきた。

　ところがそうした一部の人間を除けば、アメリカという国家にとって、原油価格の変動はマイナスのほうが大きい。石油業界の経営は、原油の販売価格だけに左右されるのではない。下流部門の子会社・関連企業が経営する灯油、ガソリン、プラスチックなど石油製品が社会生活に及ぼす影響は甚大である。不正と腐敗によるウォール街大不況の中、原油価格が上昇したため、消費者を直撃して経済の土台が崩れかかり、二〇〇二年にすべての石油メジャーの株価は逆に急落した。ウォール街が上り坂にあった九九年とは違って、燃料で飛行機を飛ばす航空会社は軒並み苦境に陥り、ユナイテッド航空の破綻から、アメリカン航空の経営危機にまで発展した。イラク全土が米軍に制圧された二〇〇三年四月、すでにアメリカ全土の州財政は危機の真っ只中にあり、国家財政は軍事予算膨張のため自ら招いた破綻の淵に立たされた。帳簿の計算ができないブッシュの閣僚と取り巻きは、アメリカ経済に利益をもたらすどころか、経済社会をぼろぼろにし、国家財政に大打撃を与え、その結果イラク油田からの収入確保に血眼になったのだ。全世界からの信頼を失うという歴史的・致命的な傷を負わせたホワイトハウスは、イラク攻撃を支持した国民からさえ、経済問題で信頼を失った。

　ここまでは、おそらく賢明なエコノミストが気づいていることである。

　しかしその先はあまり知られていない。石油とエネルギーの関係は、事実上の資源支配力をすでに持ち合わせているアメリカ人の立場から考えたほうが分りやすい。そのためには、石油だけを見て議論するのではなく、アメリカの産業全体を分析しなければならない。

アメリカの電力エネルギーの半分を生み出す石炭

現代アメリカは、すでに利益上昇がピークを過ぎたとはいえ、相変らずエレクトロニクスによるインターネット通信とコンピューター産業が動かす時代である。その通信とコンピューターのエネルギーは、電力によってまかなわれている。

ブッシュが大統領に就任する直前の二〇〇一年一月十七〜十八日、カリフォルニア州に大停電が発生し、州知事が非常事態を宣言してインターネット社会の数百万人に影響が出た。四月には州最大の電力会社パシフィック・ガス＆エレクトリックが史上三番目の巨額資産会社として倒産し、同州は五月にも計画停電を実施しながら、かろうじて電力危機を乗り切った。パシフィック社倒産の原因は、電力の小売価格に上限が決められていたにもかかわらず、卸売価格が急騰した逆ざやによる損失にあったことが、しきりと強調された。しかしそれは本当なのか。

カリフォルニアが全米で最初に電力自由化に踏み切った州だったので、この事件は、進行していた日本の電力自由化に一石を投じ、「安易な規制緩和はすべきでない」と、東京電力などの電力会社は喧伝した。しかし電力危機の真の原因はそこにはない。そもそも電力価格の急騰を招いたアメリカ人のとてつもない電力浪費という〝人類的犯罪〟が原因だということを、誰も指摘していない。

一九九〇～二〇〇〇年、ウォール街景気に乗って、全米の発電量はエネルギー省統計で七七八六億キロワット時、BP統計ではそれより多い八一七〇億キロワット時も増加した。キロワット時は、一キロワット×一時間の電力量を示す単位である。大量の電力消費国日本の年間総発電量ほぼ一兆キロワット時の八割にも匹敵するエネルギーを、わずか十年で増やしたのだ。

図3のグラフは、アメリカだけ右目盛で示してあることに注意されたい。アメリカの人口は中国のほぼ五分の一だが、発電増加量は中国より大きいのである。アルミ缶飲料などアルミ製品の使用量も世界中で激増しているが、アルミニウムは電気の塊と呼ばれるほど、その製造に電力を消費する。エアコンによる電力浪費については言うまでもない。

全米最大三三〇〇万の人口を抱えるカリフォルニア州は、その電力浪費の親分だった。二〇〇〇年におけるアメリカ人一人当たりの発電量は、九五年に総発電量で日本を抜いたあの昇竜・中国人の一三倍にも達し、日本やヨーロッパ＋カナダの五ヶ国（英独仏伊加）平均の二倍近い。大量の資源を使っての発電量は、全世界の四分の一に達した。それだけではない。地続きのカナダからも大量に電力を輸入し、カナダの発電量のほぼ三分の一にあたる二〇〇〇億キロワット時を買い込んで、それもアメリカが使ってきたのだ。

図3　先進国の発電量

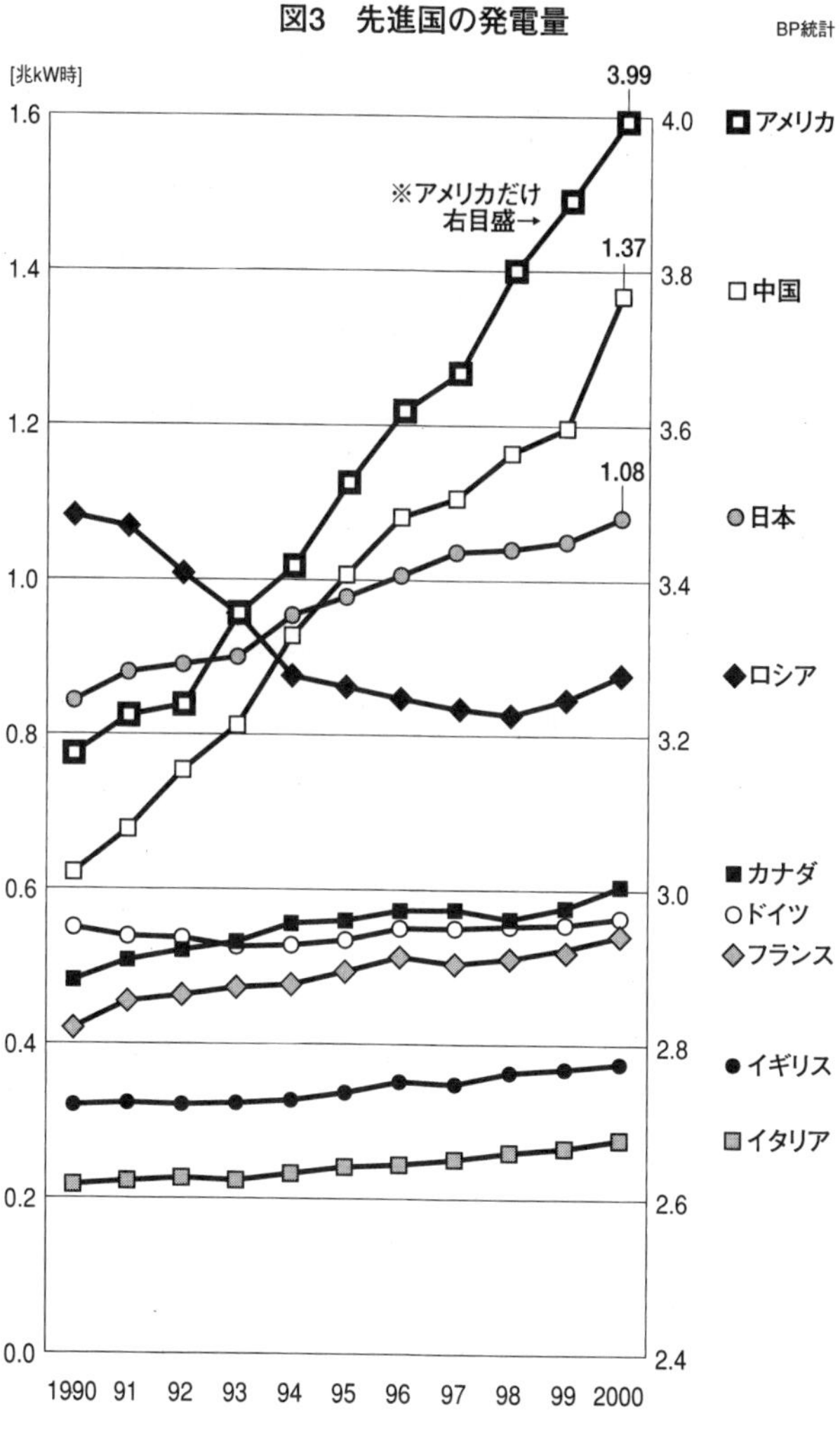

BP統計
[兆kW時]
3.99
1.37
1.08
※アメリカだけ
右目盛→
1.6
1.4
1.2
1.0
0.8
0.6
0.4
0.2
0.0
4.0
3.8
3.6
3.4
3.2
3.0
2.8
2.6
2.4
1990
91
92
93
94
95
96
97
98
99
2000
アメリカ
中国
日本
ロシア
カナダ
ドイツ
フランス
イギリス
イタリア

では、このアメリカの電力を生み出している資源は何か。日本の多くの人はエネルギー＝石油と想像するが、石油ではない。アメリカでは、石油はすでに三パーセントしか発電に使われていないのでゼロに近い。原子力と、急速に伸びてきたガスはいずれも二割に達しない。Eコマースなどと言われるインターネット・コンピューター社会を支えている最大の資源は、アメリカの電力の半分を生み出している黒いダイヤ、石炭なのである。電源別の発電量のグラフ（図4）に見られるように、この半世紀を通じて、石炭の発電量は一直線に伸びてきた。一時頭打ちとなった原子力が最近再び伸びているように見えるのは、クリントン政権時代に、日本と同じように強引に稼働率を上げたためで、事実上、原子力は世界的に消滅する運命にある。これからはガスを使ったマイクロガスタービンと燃料電池にとって代られる時代に向かっている。

インターネット時代を支えるアメリカの石炭資源はどれほどあるのだろうか。

アメリカは石炭の生産量で中国と肩を並べる世界トップで、埋蔵量では群を抜く世界一の国家であり、中国の二倍を軽く超える。二〇〇一年末の石炭埋蔵量は、無煙炭＋瀝青炭《れきせいたん》＋亜瀝青炭＋褐炭のすべてを合計すると二五〇〇億トンに達し、世界シェアの四分の一を占めている。二〇〇一年レベルで大量浪費した場合でも、採掘可能年数は二百五十〜二百七十五年とされるが、実際に存在する埋蔵量は優にその一〇倍を超え、数千年分のエネルギー資源が地底に眠っているという推定まである。ほぼ無尽蔵なので、石炭を石油化したりガス化できる技術を考え

図4　アメリカの電源別発電量

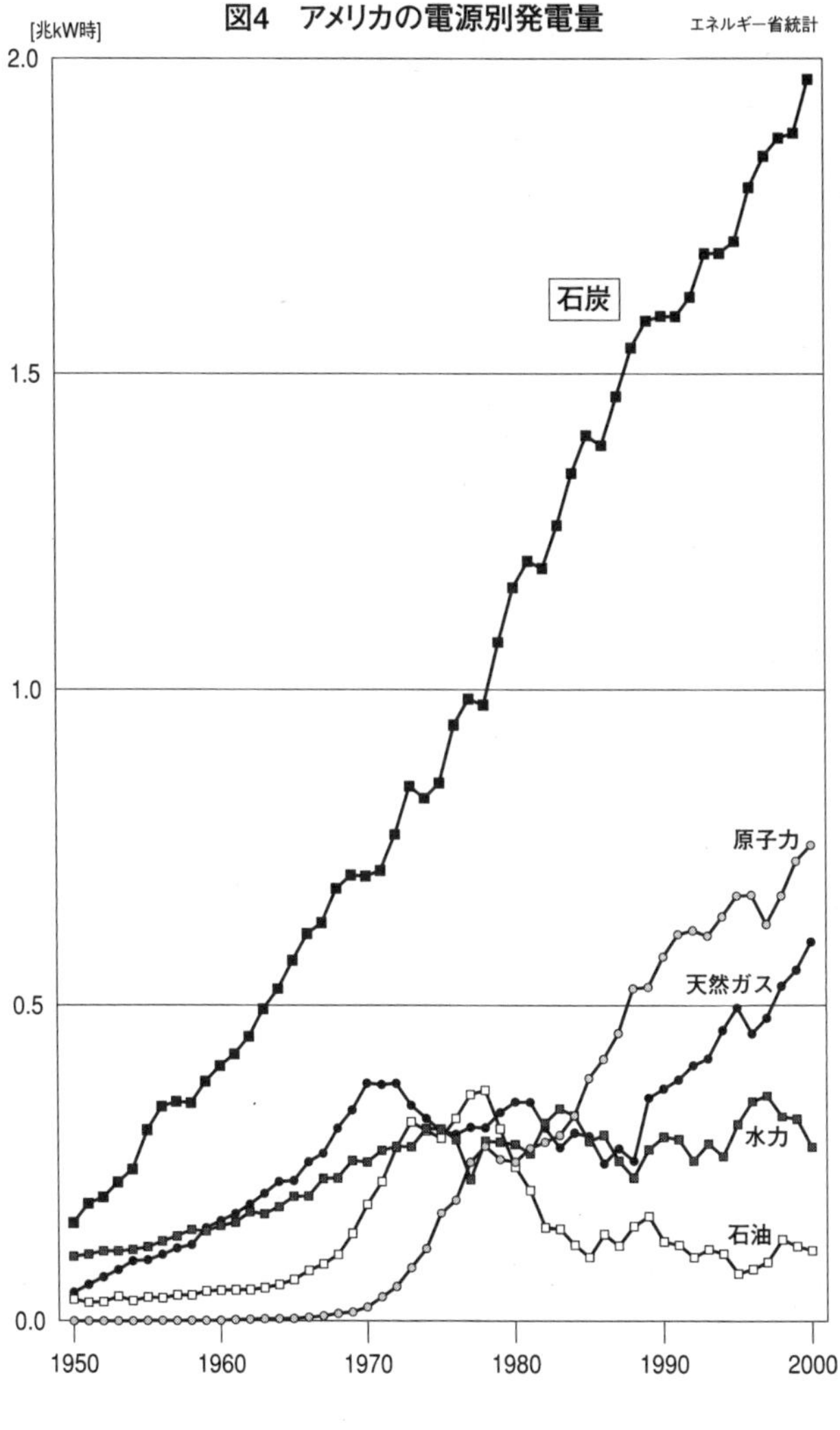

れば、オイルシェールと合わせてアメリカがあわてる必要はどこにもない。

そのうち現在の石炭採掘量でアメリカの第一位はワイオミング州であり、全米の三分の一を産出する。

ワイオミング州から登場したホワイトハウスの要人は、誰であろう。

一九四一年にネブラスカ州に生まれ、ワイオミング州キャスパーで育ち、ワイオミング大学を卒業した人物だ。第二次オイルショック時代の七九年から八九年にかけて、ワイオミング州選出の下院議員となって、八九年から父ブッシュ政権の国防長官に抜擢されて湾岸戦争を指揮した男——リチャード・ブルース・チェニーである。息子ブッシュ政権の副大統領チェニーは、元ハリバートン会長として石油利権のシンボルのように言われてきたが、実際の彼は湾岸戦争で中東に米軍を送り込んだためサウジ王室と懇意となっただけで、オイルマンとしての経験はなく、サウジの調停人ロビイストにすぎない。チェニーの利権は、地元ワイオミング州が生み出す石炭の支配力にある。やがて彼の一族は、ワイオミングの地底に眠る巨大資源オイルシェールを掘り出すだろう。

ワイオミング州がどこにあるかと問われて、即答できる日本人は少ない。アメリカの五〇州をアルファベット順に並べると、最後が Wyoming 州である。人口順に並べても、ワイオミング州はびりで、アラスカ州や首府ワシントンより少ない。日本の面積の三分の二を占めるこの広大な北西部の一州に住んでいる人間の数は、ほんの五〇万人しかいない。私が住む東京の杉並区は残念ながらワイオミングの七五〇〇分の一の面積だが、不幸にしてワイオミングより人口がやや多い。つまり人口密度で、杉並区はワイオミング州の八〇〇〇倍という超過密地区だが、これでも人口密度は東京二十三区の十一位である。大統領選挙でワイオミング州が選挙人を送り出せる人数は、アラスカ州と同じで最も少ない三人だが、人口五〇万人の州が三人を送り出せるのだから、三三〇〇万人のカリフォルニア州が五四人の大統領選挙人を送り出すことに比べれば、人口当たりでは四倍近くも有利な配分を受けている。上院議会ともなれば、三三〇〇万人のカリフォルニアも五〇万人のワイオミングも、すべての州が〝公平に〟議員二人ずつを議会に送り出す。

石炭と鉄道資本が握る共和党の地盤

この知られざるワイオミングは、しかし相当数の日本人が脳裏にその光景を焼き付け、生涯忘れられない記憶を持っているはずだ。ワイオミング州ジャクソンホールで撮影されたテクニカラーの映画『シェーン』である。石油王国テキサスを大作『ジャイアンツ』で描いたジョージ・スティーヴンズ監督が、その三年前に放ったハリウッド映画最盛期の西部劇は、背景に緑濃いワイオミングの森林地帯を据えながら、黒澤映画『七人の侍』と同じ主題で、流れ者の拳銃使いシェーンが農民を助ける物語で世界を感涙にむせばせた。シェーンと、彼を慕う開拓農民夫婦、その息子ジョーイを、アラン・ラッド、ヴァン・ヘフリン、ジーン・アーサー、名子役ブランドン・デ・ワイルドが演じて、ハリウッド史上不朽の名作として語り継がれてきた。ヴィクター・ヤングが作曲したテーマ音楽〝遥かなる山の呼び声〟は、ラストシーンでジョーイ少年が「シェーン！　カム・バック！」と叫んだ別離の呼び声、それに応える山々のこだまと共に、今でも世界中の人々の耳の底に聞こえるだろう。

最後の決闘シーンに向かって、ジョーイ少年が犬と共に清流を蹴って走ってゆく地域は、まだ州になっていなかった一八八〇年代のワイオミング領で最も美しい北西部の渓谷地帯、現在のグランドティートン国立公園を舞台にしていた。そのティートン郡の最北部にあるのが、ニクソン政権が民主党本部ウォーターゲート・ビルに盗聴のため侵入者を送り込んだ一九七二年、議会がジョン・D・ロックフェラーJr・メモリアル・パークウェイと命名した自然保護区である。二代目石油王ロックフェラーが広大な土地を国立公園に寄進した先見の明を讃えての顕彰だが、それがチェニーの出世時代であった。

六九年からニクソン政権経済局長ラムズフェルドの特別補佐官となったチェニーは、ラムズフェルドが翌七〇年に大統領補佐官に出世すると共に昇進したが、ウォーターゲート事件が社会的事件になってくると、巧みに騒動から逃げ出し、しばらく投資コンサルタント会社の社長をつとめながら、ほとぼりが冷めるのを待った。やがてロックフェラーJrの息子ネルソン・ロックフェラーを副大統領として、ジェラルド・フォードが大統領に就任すると、再びワシントンに呼び戻され、大統領次席補佐官から首席補佐官へと出世街道をひた走った。そして郷里に戻り、下院議員に当選して石炭ビジネスを取り仕切る地元利権代表者となった。

石炭王国の男が現代アメリカのインターネット社会の帰趨を握り、ホワイトハウスの権力者に登りつめてきたのだ。ここから全米を結びつける産業が姿を見せてくる。

原油を掘り出してもパイプラインがなければ油田は死んでしまう。同じように石炭は、鉄道を支配しなければ輸送できない商品だ。彼が下院議員時代の八四年、全米屈指のユニオン・パシフィック鉄道が、ワイオミング州東部の巨大石炭埋蔵地パウダー・リヴァー炭田への接続線を完成したのである。そのユニオン・パシフィック鉄道の支配者が、ほかならぬブッシュ親子を大統領に育てた鉄道王アヴェレル・ハリマン一族だった。ハリマン家が経営する投資銀行ブラウン・ブラザース・ハリマンの最高幹部から転じて上院議員に当選したのが、プレスコット・ブッシュであり、その息子が父の資産をもとにテキサスで石油を掘り当ててＣＩＡ長官から大統領になり、続いて出来の悪い息子が間違って大統領になってしまったのだ。

ワイオミングの炭田地帯では、二代目ブッシュが大統領に就任した二〇〇一年、カリフォルニアの電力危機が叫ばれる中で、石炭が再び注目されていた。しかし石炭を燃やせば、硫黄酸化物（SOx）と窒素酸化物（NOx）が出るので、これが空気中で硫酸と硝酸に変化して酸性雨となって降り注ぐ。ヨーロッパだけでなく、カナダやアメリカ北部で広大な森林が枯れ、湖沼の生物が死滅するという深刻な被害が広がった。酸化物はスモッグもつくりだす。そこで父ブッシュ大統領時代の一九九〇年に大気浄化法の排出ガス規制がきわめて厳しく定められ、現在では高性能装置の導入によって過去の石炭産業とまったく違うクリーンなものに変っている。この環境保護法は、父ブッシュの知られざる偉業の一つである。石炭が汚い煤煙をもくもく吐き出す時代ではない。

しかし地球温暖化論議になると、石炭は二酸化炭素を大量に排出するものとして批判の対象になる。そこで石炭を採掘するオペレーターたちは、ワイオミングの緑豊かな自然を讃えながら誇らしげに言った。

「頑迷な環境保護論が前に出すぎているので、押し戻してやったのさ」

二酸化炭素温暖化論には科学的な証明が足りないとする息子ブッシュ〜チェニー組が大統領選で勝利したことを、石炭産業の労働者たちは、ゴアの環境保護論に勝ったと皮肉をこめて表現したのである。彼らは、都会人が電気を使い放題に使いながら、こうした炭田地帯の産業労働者への感謝を忘れ、一方的に遠くから中傷するのは我慢ならないと感じていた。石炭に頼りながら、十年で発電量を八〇〇〇億キロワット時も増やす一方で、クリントンとゴアがインターネット社会だ、情報化時代だと騒ぎたて、ウォール街景気に浮かれた。その上、環境保護を言い立てたあの人間たちは、一体誰のおかげで今があるかを知っているのか。こう批判する彼らの言葉には、重い真理がある。

それに対して、口では二酸化炭素に無関心を装ってきたチェニーだが、炭素を分離して地中に埋蔵する石炭燃焼法を開発するため、政府と石炭業界合わせて数十億ドルの大金を投入していることはほとんど知られていない。そうした事情も、地元の住民が共和党に味方する原動力となった。

十九世紀から二十世紀前半にかけて多数の事故を起こし、カーネギー・スチールをめぐる労働争議の背景にたびたびの悲惨な炭鉱事故があったが、最近はこうした問題が聞かれなくなった。特にワイオミングの炭田は、地表近くの石炭を掘り出す露天掘りですみ、硫黄分が少ない良質の石炭を産出する。それでも実態を知らずに石炭を責める都会人に対して、地元住民の感情は対立する。大統領選挙で一方が地滑り的な勝利をおさめると、こうした地域の特色は分からなくなるが、二〇〇〇年の選挙はブッシュとゴアがほぼ同じ得票数だったため、アメリカの州民の性格をきれいに二分する結果となった。共和党の勝利地域と炭田地帯が見事に色分けされたのである（図5参照）。

ワイオミング州に続く石炭生産量の上位十州は、ウェストヴァージニア州、ケンタッキー州、

図5　アメリカの主な産炭州と大統領選挙地図

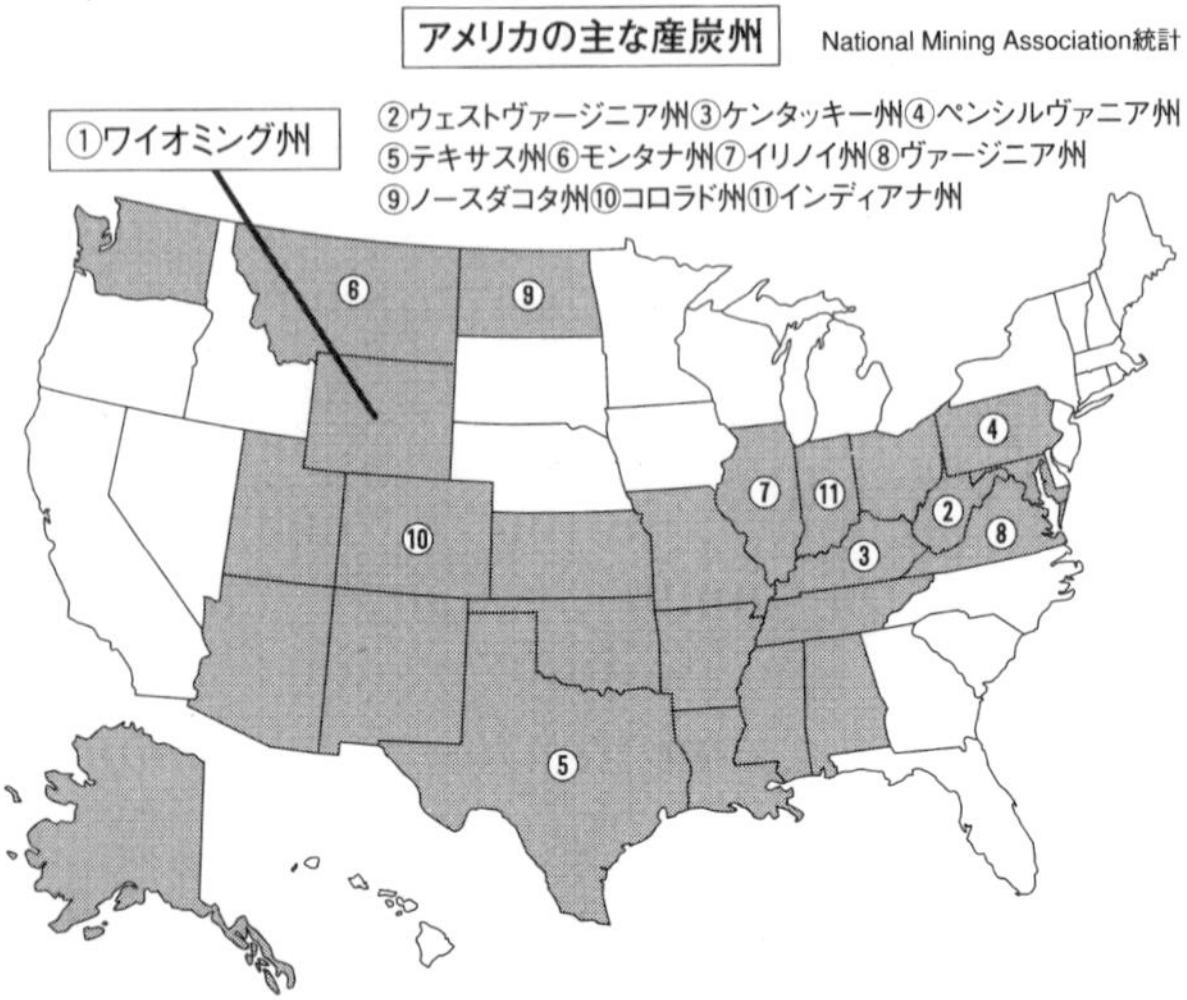

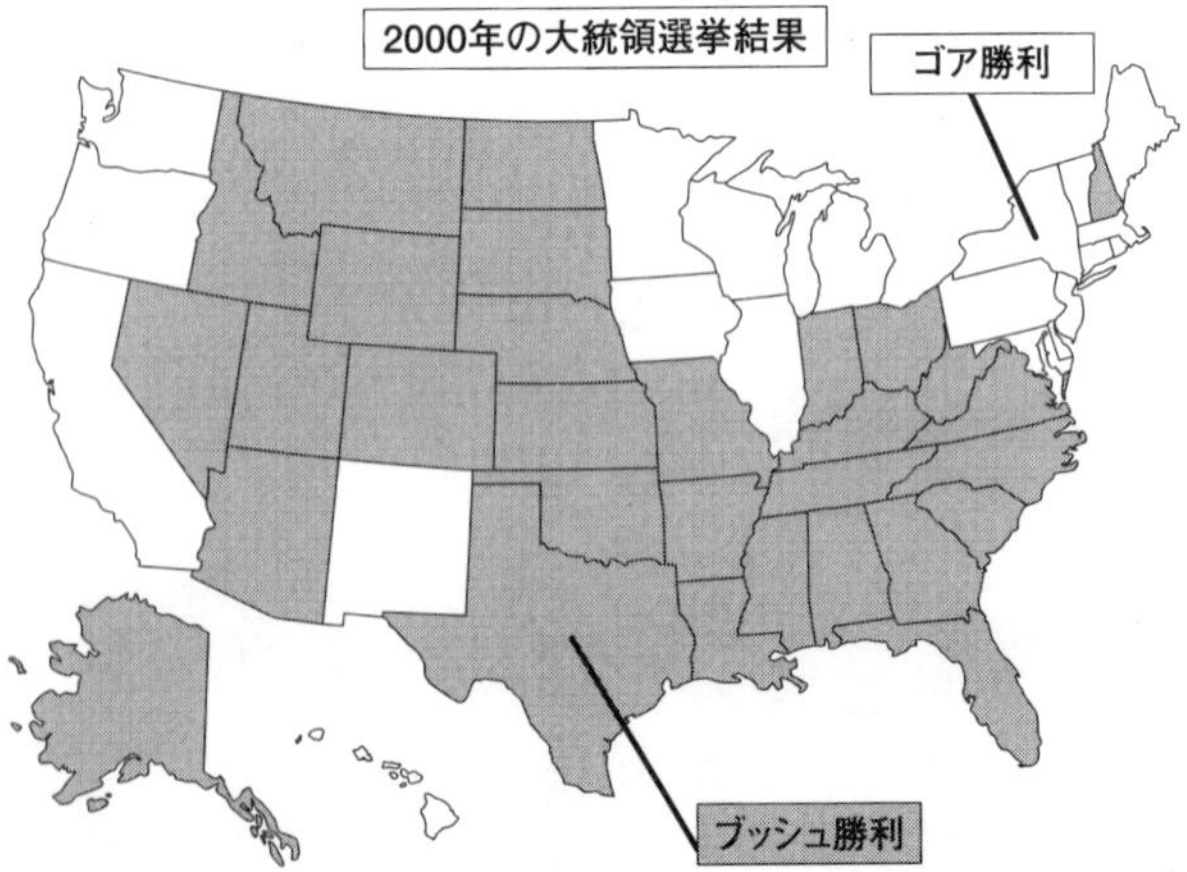

ペンシルヴァニア州、テキサス州、モンタナ州、イリノイ州、ヴァージニア州、ノースダコタ州、コロラド州、インディアナ州である。このうち、民主党の現職副大統領のゴア候補が勝ったのは、わずかにペンシルヴァニア州とイリノイ州で、しかもこの二州だけが産炭量の激減している象徴的な〝過去の炭田王国〟である。ペンシルヴァニア州は、ベンジャミン・フランクリンの建国時代から、アメリカ独立宣言を採択し、一時は首都として栄えた大都市フィラデルフィアがあり、二十世紀には金融王J・P・モルガンが鉄鋼王アンドリュー・カーネギーから製鉄所を丸ごと買収して全米最大の企業USスチールを生み出した鉄鋼王国ピッツバーグがある。往時のペンシルヴァニアが一九四〇年代まで全米一の石炭王国だったので、石炭を蒸し焼きにしたコークスを溶鉱炉に入れて鉄を溶かし、全米の鉄鋼生産量の六七パーセントを支配するマンモス資本USスチールが誕生したのである。最盛期のUSスチールの所有地はマサチュセッツ州、ヴァーモント州、ロードアイランド州を合わせたより広大となった。

またイリノイ州には、発明王エジソンの電力王国として中西部に君臨したシカゴがある。シカゴは〝アンタッチャブル〟のマフィアで悪名高く、シカゴ・ジャズが愛された歴史を持つが、世界最大の航空機メーカー、ボーイングが二十一世紀に入って本社をシアトルから移した都市で、二〇〇二年にはイリノイ州とシカゴが全米のビジネスセンター第一位に選ばれるほど、現在でも工業の中心地だ。しかしゴアが勝利したこの二州は、合計しても現在の産炭量が全米の一割にも達しない。ほかの石炭州をすべて「ブッシュ・チェニー組」が制した。石炭に限らず、金属やウランなどの鉱物資源も、共和党の縄張りである。

そして、掘り出した石炭を輸送する貨物輸送会社は、全米がほぼ三大グループに集約される大編成が進められてきた。現在シカゴを中心とするバーリントン・ノーザン・サンタフェ鉄道（BNSF）と、中西部から西部への横断鉄道として君臨するユニオン・パシフィック鉄道と、東海岸から中西部セントルイスまで支配するCSXコーポレーションである。そのCSXの会長・CEO（最高経営責任者）ジョン・ウィリアム・スノーが、イラク侵略攻撃開始前に財務長官に就任したのだ。

J・P・モルガンが支配したチェサピーク・オハイオ鉄道、ボルティモア・オハイオ鉄道、アトランティック・コーストラインなどが合併して誕生したCSXは、一九八三年にはテキサス・ガスを買収し、スノーが副社長時代の八六年にローランス・ロックフェラーから大規模リゾートを買い取り、社長時代の九〇年にはエネルギー部門をブッシュ家のパトロンであるテキサスのエンロンに売却してきた。ここにブッシュ一族とスノーの密接な関連があった。鉄道資本は、貨物を運ぶだけでなく、各地の地場産業を支え、観光からエネルギーまで広大な事業を営む。

スノーこそ、チェニーの出世時代に鉄道大再編を取り仕切った中心ファミリーであり、ウォーターゲート事件渦中にニクソン政権の運輸省法律補佐官となって、やがて首席補佐官チェニーのもとでフォード政権運輸次官補をつとめた男だ。鉄道や石炭ビジネスが旧時代のものだと想像するのは、ニュースが目先のことを追いすぎる現代人の思い込みである。アメリカの保守的な世界は、十九世紀から二十世紀前半までに蓄積された天文学的な鉄道資本のゆくえを追ってこそ、華麗に見える大都会マンハッタンの実情を浮かび上がらせる。

石油・タンカービジネスと、石炭・鉄道ビジネスを比べると、まったく対照的な性格を持つ。石油は、アメリカが中東、中南米、アフリカに進出し、貿易ビジネスによって外国から資源を獲得して経営されてきた。そのため石油が国際紛争を招き、欧米の石油メジャーが価格カルテルを結んで高値をつけたまま、今日まで大きな利益を上げ続けた。そこでわれわれはただちにアメリカ＝石油国家という連想を働かせる。しかし原油の先物取引が相変らず一部のディーラーに大きな利益をもたらしても、エネルギー価値から未来の石油ビジネスを冷静に見れば、これからの石油はアメリカ国民にとって経済の主力ではなくなる可能性がある。石油と原子力の世紀から、ガスと燃料電池の世紀に向かわなければならないことが歴然としているからだ。二酸化炭素温暖化論にはとりあわないブッシュ政権と財閥だが、これらのすぐれたエネルギー革命には日本と比較にならない巨額の予算をつけて、世界をリードする資本を投下しているのである。

石油とちょうど反対に、石炭と鉄道はアメリカ国内だけで完結する事業である。紛争を起こさず、国内で着実に石炭を掘り続けてきたので、メディアではほとんど取り上げられず、国際的にまったく地味な存在だ。ところがその実力を見れば、黒ダイヤから生まれた電子がインターネットの回路を走り回り、マイクロソフトのビル・ゲイツを世界一の長者にのし上げた。人口密度の低い州の住民の心を掌握してゆく集団が、重厚な製造業の工場をコントロールし、同時にアメリカ共和党の土台を形成している。都会的エリートたちを、彼らがいまいましく感じるのは自然な感情である。

共和党の人脈は、メリル・リンチという世界最大の証券会社を築き上げ、J・P・モルガン、ケミカル・バンク、マニュファクチャラーズ・ハノーヴァー・トラストなど大手銀行を生んだだけではない。投資銀行として、モルガン・スタンレー、ディーン・ウィッター、ドナルドソン・ラフキン・ジェンレットといった有数のマーチャント・バンカーを生み出してきた。後者が、二〇〇二年にブッシュの新経済担当大統領補佐官に就任したウィリアム・ドナルドソンが創業した証券投資会社である。これらのバンカーは、ヨーロッパを根城とするロスチャイルド財閥に属するユダヤ系金融機関ではない。アメリカ建国以来の産業資本、すなわち本書で追及する保守本流財閥である。

鉄道資本の人脈は、歴史の奥からどのように現代まで網を張りめぐらしているのか。

第二章　アメリカの鉄道資本とは何か

大陸横断ユニオン・パシフィック鉄道

アメリカで最も広大な面積にわたって民間の鉄道路線を広げ、アメリカ人の旅愁を誘ってきたのは、ユニオン・パシフィック鉄道である。共和党エイブラハム・リンカーン大統領のもと、南北戦争中に議会が設立した国策会社ユニオン・パシフィックは、現在の共和党の縄張りと広く重なり合う地帯を主なルートとしている。ブッシュのイラク攻撃を支持した住民が多いのも、この中西部から西部にかけての州である。

映画『シェーン』でアラン・ラッドと対決する悪役に扮したジャック・パランスは、帽子、チョッキ、手袋まで黒ずくめの装束で、これほど鮮烈な印象を残した悪役はめったにない。抵抗する農民を黙らせるため雇われたその用心棒が、シャイアンの町から来たという話をシェーンが聞いて、「早撃ちウィルソンに違いない」と、農民に注意を促す場面がある。現在ワイオミングの州都シャイアンは、南北戦争後に鉄道開拓の拠点となっていた。ネブラスカ州オマハからユニオン・パシフィックが大陸横断鉄道の建設工事をスタートして、すでに二年後には線路が敷かれていたからである。鉄道会社は、縄張り一帯からインディアンを追い立て、その反撃や強盗に備えて、こうした殺し屋のガンマンを雇っていたのである。

そうした時代、チャールズ・キングという男は、西海岸のカリフォルニア州ロサンジェルスからワイオミングの鉄道開拓者として働きに出たが、その息子レスリーは、ちょうどシェーンの時代に鉄道の枕木として大量の需要があった木材と不動産の商人として一帯で働き、のちオマハで一九一三年に子供をもうけた。しかし二年後に夫婦が離婚すると、妻ドロシーは子供を抱いてジェラルド・フォードと再婚し、その子を新しい夫と同じ名前に改名した。これが、ウォーターゲート事件後に大統領に就任したジェラルド・フォードである。

同じネブラスカ生まれのチェニーが、フォード大統領の首席補佐官から隣のワイオミング州下院議員となってユニオン・パシフィック鉄道の石炭路線を敷き、副大統領までのし上がった裏には、アメリカ政財界との数々の因縁がある。ユニオン・パシフィック鉄道の社長アヴェレル・ハリマンは、一九五五年から五八年までニューヨーク州知事をつとめ、その後を継いだネルソン・ロックフェラー知事が、フォード大統領のもとで副大統領をつとめた。ハリウッドの

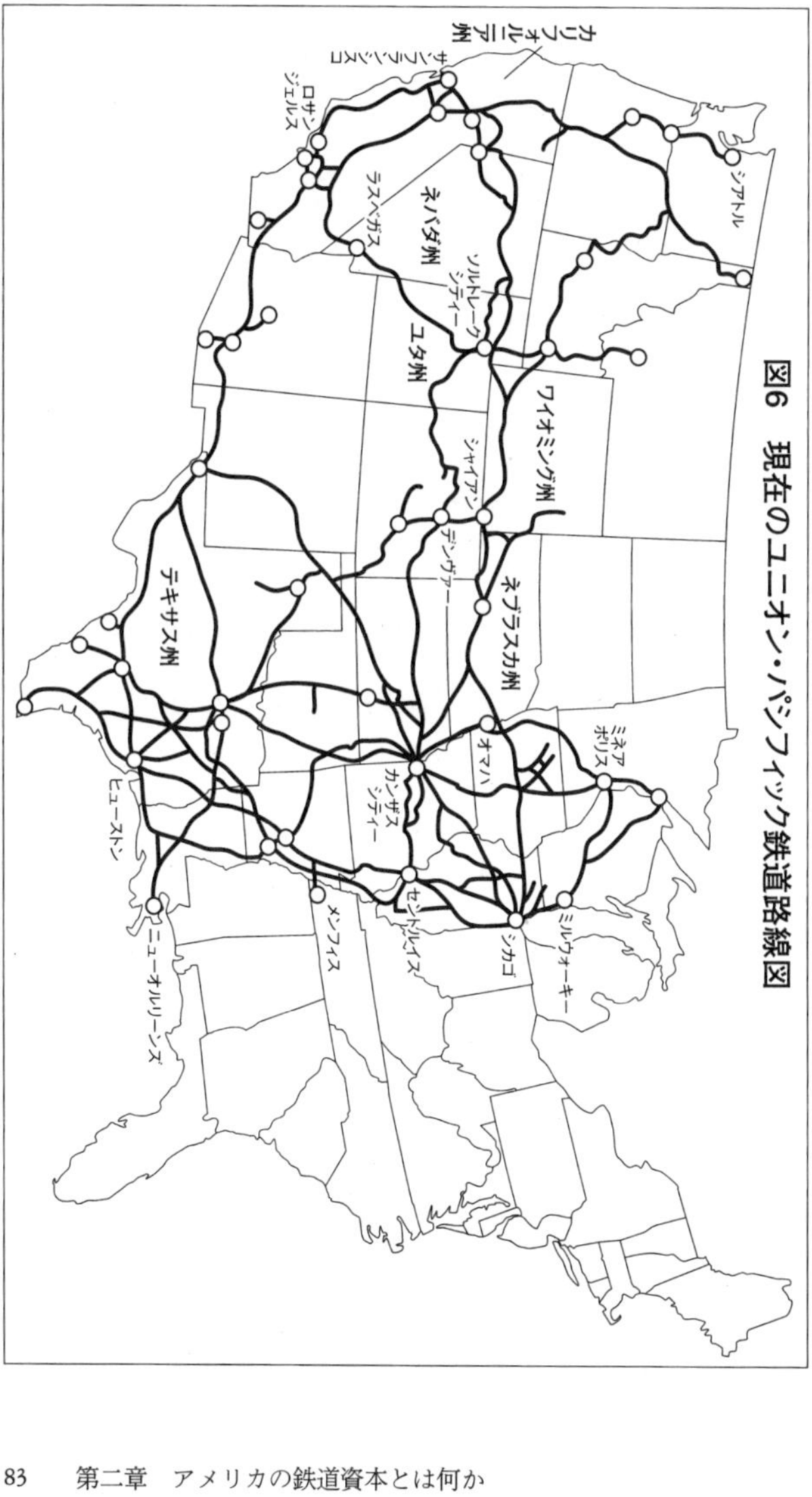

図6　現在のユニオン・パシフィック鉄道路線図

B級ウェスタン俳優ロナルド・レーガンが、カリフォルニア州知事から共和党の大統領になった裏にも鉄道資本があった。レーガン知事のもと、シリコンバレーが半導体産業のメッカとなり、シリコンバレー生みの親ヒューーレット・パッカード社の創業者デヴィッド・パッカードがニクソン政権の国防副長官となった。そのパッカードのもとで、カリフォルニアのスタンフォード大学内にある事実上の軍事シンクタンク「フーヴァー研究所」の理事として活動したのが、ガートリュード・クリストルである。彼女の息子ビル・クリストルが新保守主義者としてブッシュにイラク侵攻を焚きつけるまでには、次のような歴史が横たわる。

一八四八年、カリフォルニアに金が発見された。アメリカ鉄道史で伝説の人物、ニューヨークのコリス・ポッター・ハンティントンという男が噂を耳にして西部に向かい、サクラメントに店を開いた。その翌年、サクラメントで金が発見され、空前のゴールドラッシュに突入した。わずか五年間で、家族と郷里を捨てて未知の黄金郷エル・ドラドをめざした男の数は二五万人を超え、二億ドルを超える巨額のゴールドが採掘された。カリフォルニアには狂乱の生活がくり広げられ、労働者から獲物の分け前を奪う銀行と商店と宿が続々登場した。一八五〇年には、金鉱の利権を逃すまいとするアメリカ政府が、たちまちカリフォルニアを三一番目の州に昇格させ、サクラメントが州都となった。ハンティントンはゴールドラッシュの中、大きな財産を築いていった。

後年〝西部の鉄道四人組――ビッグ・フォー〟と呼ばれたのは、ハンティントンと組んだマーク・ホプキンズ、チャールズ・クロッカー、リーランド・スタンフォードである。鉱山に投資したスタンフォードは、のちにスタンフォード大学創立者として知られるが、カリフォルニア政界に進出し、一八五二年には州内に共和党を設立することに成功した。太平洋岸が活気づくと、アメリカ政府は目を海の彼方に向け、黄金の国ジパングと、苦力《クーリー》という奴隷労働力を持つ中国に大きな利権を拡大しようと踏み出した。ペリー提督が浦賀に来航し、フィルモア大統領の親書を幕府の応接掛に手渡したのは、翌五三年七月八日のことだったのである。

一八六〇年に州代表としてシカゴの共和党全国大会に出席したスタンフォードは、リンカーン候補を気に入って投票し、十二月にリンカーンが大統領に当選すると、二人はさらに親交を深めた。四人組はハンティントン商会の二階で絶えず商談に明け暮れていたが、シエラネバダ山脈を通る難関鉄道への投資を決断し、路線調査と鉱山地帯へのルート建設に踏み出した。そこへ南北戦争が勃発したのだ。

しかし四人はひるまず、サクラメントから州境まで鉄道を建設するセントラル・パシフィック鉄道会社を設立した。資金が不足していたので、ハンティントンがワシントンの議会工作を担当することになった。折よく一八六一年秋に、スタンフォードが共和党として初めてカリフォルニア州知事に当選した。これが二十世紀、フーヴァー、ニクソン、レーガンの三人の共和党大統領をカリフォルニアが生み出す歴史の扉を開いた。

州内は南軍と北軍の支持派が拮抗していたが、スタンフォードは北軍につき、財政を大幅に改善して巧みに州民の心を掌握していった。戦争が激化するにつれ、南軍・北軍とも喉から手が出るほど長距離鉄道をほしがったが、北軍議会は素早く先手を打ち、大西洋岸と太平洋岸を結ぶ大陸横断鉄道を敷設する太平洋鉄道法を成立させ、民間企業のユニオン・パシフィック社を設立して国費を投入することを決議した。ユニオンは東部を太平洋と結びつけるという意味だ。そして、南北戦争の北軍(ユニオン・アーミー)も意味した。中央部のネブラスカ州に始まって、ワイオミング州、ユタ州、ネバダ州などは当時まだ州として承認されず、ロッキー山脈を背骨とする〝テリトリー(縄張り)〟と呼ばれる地帯だったので、「太平洋岸と西部一帯は北軍の土地だ。南軍には渡さない」という政治的メッセージが社名にこめられていたのである。

カリフォルニアのセントラル・パシフィック四人組には数々の特権が与えられ、一八六三年初めに太平洋側から建設工事がスタートした。ところが、まだパナマ運河がない時代である。レールなどの建設資材や動力を運ぶにも、南米アルゼンチンの南端まわりの長大な航路を使って東海岸から輸送しなければならなかった。カリフォルニアの東隣はネバダ領だった。現在でも広大な核実験場を持ち、カジノ王国ラスベガスとリノを除けば、ほとんどが荒涼たる大自然の中にあるネバダ州である。峨々《がが》として連なるシエラネバダ山脈の山岳地帯と、烈風荒れ狂う砂漠を抜ける工事は難をきわめ、奴隷解放を謳う北軍側なので、黒人奴隷を使わず、代りに一万人の中国人を組織し、苦力《クーリー》が九割を占める事実上のアジア奴隷部隊を酷使した。現代のカリフォルニア州チャイナタウンには、この歴史がしみついている。

四人組は年の順に、ホプキンズが会社の経営を切り回し、ハンティントンが中央政界に賄賂をまいて資金を獲得してくると、クロッカーが建設工事を監督し、最年少のスタンフォードが地元住民を説得する、という具合に役割を分担した。親分格のハンティントンはワシントン議会工作を再開し、路線の両側の土地をセントラル・パシフィック鉄道が所有できるよう法を改正させ、数々の利権を獲得して戻ってきた。鉄道が土地をもらうとは、出資者の四人が大地主になることだ。しかも大半の資金をアメリカ政府が出すので、四人は丸もうけである。路線を一キロ建設するごとに、平地で一万ドル、山岳地帯で三万ドルという巨額のプレミアムを四人組が受け取ることになった。政府がこの山岳工事報奨金を発表するなり、州知事スタンフォードは地元の地理学者を部屋に呼んで、シエラネバダ山脈の地図を指さし、「これは正確ではない。山岳地帯はもっと広い」とつぶやき、山岳路線が四〇キロも長くなるように書き直させてしまったのだ。

東部資本のユニオン・パシフィックも彼らと競って鉄道を建設したが、どちらが先にユタ領のソルトレークシティー北西にあるオグデンに達するかを争い、両者がレールを平行して走らせる無駄な建設競争を進めた。そのためリンカーン大統領が裁定を下し、西側からは四人組、東側からはユニオン・パシフィックが建設して、両者の鉄道連結地点をオグデンの八キロ西と決定した。そして一八六五年四月九日、南軍のリー将軍が北軍のグラント将軍に降伏して南北戦争が終結し、南部諸州を含めた全米で黒人が奴隷から解放された。だが直後の十四日、リンカーンがフォード劇場で頭部を狙撃され、翌日に死亡したのである。

ユニオン・パシフィックがミズーリ川流域のネブラスカ領オマハにようやく最初のレールを敷設し、主にアイルランド移民を労働者として東側からの建設を開始したのは、その三ヶ月後であった。ケヴィン・コスナーの主演映画『ダンス・ウィズ・ウルブズ』が描いたように、ダコタ領とその南に隣接するネブラスカ一帯もインディアンの生活区で、ユニオン・パシフィックは独自の軍隊を組織してインディアンを殺戮しながら、当時まだダコタ領のワイオミング地域へ、続いてユタ領へと西に向かう鉄路の建設を進めた。最後には、わずかでも自分の縄張りを広げようとする四人組とユニオン・パシフィックが激しい路線獲得争いに入り、目標地点に向かって猛烈なスピードで工事を進めた。ついに一八六九年五月十日、ユタ領プロモントリーで、東側から敷かれたユニオン・パシフィック鉄道と西側から敷かれたセントラル・パシフィック鉄道が劇的な連結の瞬間を迎え、史上有名な金《きん》の犬釘をレールに打ち込んで大陸横断鉄道の鉄路がつながったのである。

アメリカ史を動かす鉄道会社とスタンフォード大学

サウスダコタ州ウンデッド・ニー峡谷で、女子供を含むスー族のインディアンが白人の第七騎兵隊に虐殺される歴史的事件が起こったのは、それからほぼ二十年後、一八九〇年のことだった。このインディアン絶滅戦争で酋長シッティング・ブルを殺した部隊の指揮官こそ、カリフォルニア鉄道四人組の頭領ハンティントンの一族だった。かくてこの線路が、現在までアメリカ史を動かし始めたのである。ユニオン・パシフィック鉄道の社長アヴェレル・ハリマンが、民主党の大統領フランクリン・ルーズヴェルトと幼友達だったため民主党の外交官、商務長官、大統領特別補佐官をつとめ、彼の未亡人パメラがロバート・ルービンと組んでアーカンソー州知事ビル・クリントンに資金をつぎ込み、大統領に仕立て上げた。クリントンも鉄道遺産から生まれた民主党大統領だった。

ユニオン・パシフィック鉄道の枕木を供給する森林業で成功した一族マリナー・エッケルズ（Eccles と書いてエッケルズと発音する）は、一九三四年から連邦準備制度理事会（中央銀行）の総裁（翌年改組して今日の議長）を十四年もつとめ、ハリマンと組んで恐慌対策に取り組んだのである。彼は大陸横断鉄道が接続したユタ領オグデン近くに住み、ユタ建設社長として鉄道で大きな財をなし、第二次世界大戦中に戦後のＩＭＦ（国際通貨基金）と世界銀行の経済体制を決定したブレトン・ウッズ会議のアメリカ代表である。彼の弟ジョージはユニオン・パシフィック鉄道重役となり、二〇〇三年現在も一族のスペンサー・エッケルズがハリマン一族と共に重役をつとめる。

西部の四人組は路線を南部に延ばすため、サザン・パシフィック鉄道も設立し、さらにハンティントンは鉄道利権を次々に買い取って、北東部のチェサピーク・オハイオ鉄道の社長にも就任した。後者が、ブッシュ政権に財務長官ジョン・スノーを送り込んだＣＳＸの母体となる大鉄道である。サザン・パシフィックは太平洋岸からテキサスを通って南部ルイジアナ州ニューオルリーンズまで路線を延長し、ついにはサザン・パシフィックがカリフォルニア、ネバダ、ユタで連邦政府に次ぐ最大の土地所有者となり、三八〇万エーカー（四六億坪）を支配したのである。

こうした独占に対する激しい非難の声はあがったが、ハンティントンは耳を傾けるどころか、石炭輸送のためにチェサピーク・オハイオの路線を延長してヴァージニア州の海岸まで達し、終着駅に東海岸最大の不凍港ニューポートニューズの町を建設、ここが全米最大級の軍港に発展していった。ヴァージニア州は、初代大統領ワシントンから、ジェファーソン、マディソン、モンロー、タイラーまで五人の大統領を生み出し、南北戦争時代には南軍の主力となった保守的地盤の代表だが、現在ヴァージニア州の最大企業が、ニューポートニューズ造船である。二〇〇三年にペルシャ湾に展開してイラク攻撃の主力艦となった原子力空母エイブラハム・リンカーン、セオドア・ルーズヴェルト、ハリー・S・トルーマンを始め、エンタープライズ、カール・ヴィンソン、ニミッツ、ロナルド・レーガンなどを次々と進水させ、海軍に納めてきた。二〇〇一年のアフガン攻撃中に同社を買収した全米第三位の軍需産業ノースロップ・グラマンが、共和党の大資金源である。

この巨大買収事件は、ニューポートニューズに最も大きな影響力を持つ地元の上院議員で軍事委員長ジョン・ワーナーが動いて成立させた軍事ビジネスで、当時彼がラムズフェルド国防長官に宛てた書簡には、「ニューポートニューズ買収計画は、アメリカ海軍の国家安全保障、すなわち戦艦製造に関わるので、急いで検討するように」と書かれていた。明らかに買収を急いで承認するよう圧力をかけた文面である。ワーナーは、共和党フーヴァー政権の財務長官アンドリュー・メロンの孫と離婚後、女優エリザベス・テイラーと再婚し、夫妻が屋敷をレーガンの大統領選挙事務所として提供した。二〇〇三年にはブッシュ政権の実用小型核兵器開発計画を推進するリーダーとなった。

ニューポートニューズ造船買収では相当な利権が動いた。代々の共和党支持者であるマイクロソフト会長のビル・ゲイツは、自分の投資会社カスケードを通じて、当時ニューポートニューズ造船の社外最大株主となり、八パーセントの株を保有していた。インターネットを通じてイラク攻撃反対の反戦運動が世界的に拡大しながら、その裏では世界を席捲するコンピューターソフト〝ウィンドウズ〟の売上げが、イラク攻撃の軍艦と、艦上から発進する戦闘機などの資金源となった可能性は高い。

ビル・ゲイツは九七年に通信会社コムキャストに一〇億ドルの投資をおこない、これを機にマイクロソフトが高速インターネットビジネスに大きく踏み出していたからである。コムキャスト創業者のダニエル・アーロンは、一九三七年にナチスを逃れて渡米したユダヤ人一家で、六〇年代にフィラデルフィアの実業家ラルフ・ロバーツにケーブル事業への投資を持ちかけ、ジュリアン・ブロドスキーを加えたトリオ経営で次々と買収を重ねて経営を拡大してきた。財務と資金集めを担当したブロドスキーが、ラザール・フレールを動かすロスチャイルド金融財閥の大御所フェリックス・ロハティンと組んで全米トップのホームショッピング・チャンネルQVCを九〇年代に買収し、九七年にビル・ゲイツをコムキャストに取り込んだのである。二〇〇二年秋にAT&Tブロードバンドを買収して、全米最大の通信ケーブル会社となったマンモス企業コムキャストは、軍需産業とつながることになるのである。

西部の四人組に物語を戻そう。四人組の野望は鉄道だけでは満足せず、あり余る資産を持ってサンフランシスコから横浜・香港へと航路をつなぐ蒸気船会社にまで利権を広げた。一八八五年には資産三〇〇〇万ドルのスタンフォードが上院議員に当選し、議会で名高い通称〝百万長者クラブ〟の一員に列した。百万長者と言っても、GNP比率で換算して二〇〇〇年の二四〇億ドル、ほぼ二兆六〇〇〇億円という途方もない資産だった。しかし、いくら大金があっても人間が幸せになるわけではない。スタンフォードは前年一八八四年に愛する一人息子を失って、悲しみに打ちひしがれていた。亡き息子を偲《しの》んで、自分の牧場を大学キャンパスの土地として提供し、二〇〇〇万ドルを投じて設立したのが現在のスタンフォード大学である。ここを巣立った学生の中から、ヒューレット・パッカード、シスコ・システムズなどシリコンバレーの産業をになうベンチャーの起業家が続々誕生していった。ミスター・ガイアッツと呼ばれた駐日大使マイケル・アーマコスト、クリントン政権で北朝鮮危機を煽った国防長官ウィリアム・ペリー、ブッシュ政権の大統領補佐官コンドリーザ・ライスもスタンフォード大学教授の履歴を持つ。一九九〇年代に隆盛をきわめ、ウォール街の株価を一直線に上昇させたインターネット通信ビジネスは、スタンフォードの鉄道遺産でもあった。

四人組の一人、工事監督者クロッカーも息子たちに二〇〇〇〜四〇〇〇万ドルの遺産を残してこの世を去り、ハンティントンが一九〇〇年に死去した時、推定遺産は六〇〇〇〜七〇〇〇万ドルだった。四人組の資産があまりに巨大だったため、彼らの遺産相続争いは熾烈をきわめ、一九〇五年にはスタンフォード未亡人のジェーンが日本に向かう途次、ホノルルで謎の薬物中毒死を遂げ、過失によるものか、他殺か、今もって不明である。政界・財界を支配した四人組が、個人として得た政府債券額は途方もなく、所有地は四五〇万エーカーに達したが、実際に彼らがどれほどの収益を得て、どこに蓄財されたかという肝心の結論は、永遠の謎となっている。議会が彼らの資産を調べようと鉄道持株会社に会計帳簿の提出を求めた途端、ちょうど〝不幸な火事〟に見舞われて会計記録がすべて消失してしまったからである。

ベクテルとアネンバーグの登場

はっきりしているのは、一八八八年にハンティントンからチェサピーク・オハイオ鉄道の支配権を奪う新時代の鉄道王ジョン・ピアポント(J・P)・モルガンが登場したことである。またクロッカーがサンフランシスコに設立した銀行がクロッカー・ナショナル銀行と改称され、息子と孫が頭取に就任して一九五六年まで経営していたが、その年に他行と合併してクロッカー・アングロ・ナショナル銀行となった。そして一九〇六年のサンフランシスコ大地震の中からこの大都市に台頭したカリフォルニア財閥が、世界一の建設業者ベクテル・ファミリーだった。

ハンティントンが死んだ年に生まれ、ハンティントンの生まれかわりと言われたベクテル・グループ総帥スティーヴン・ベクテルは、ベルリンの壁崩壊前、一九八九年にこの世を去るまで、クロッカー・アングロ・ナショナル銀行重役、サザン・パシフィック鉄道重役、J・P・モルガン重役、スタンフォード大学理事をつとめ、西部の鉄道四人組の遺産のすべてを受け継いだ男である。共和党の資金源ベクテル社は中東の王室を友として、全世界の石油メジャー精製プラントのほとんどを建設し、原子力発電所の半分を建設し、石炭火力発電所と大型ダムを建設してきた。ひと握りの幹部重役とベクテル・ファミリーが株券を持つ株式非公開の同族会社であるため、実態は闇の中にある。アメリカ政財界の秘密結社と言われるサンフランシスコのボヘミアン・クラブで森の中に政財界の大物を集め、クラブの会員に大統領候補時代のリチャード・ニクソンと州知事ロナルド・レーガンの名があった。こうして共和党の大統領をチェスの駒のように指で動かすほどの力を持つベクテル・ファミリーである。

一方、四人組がつくり上げたセントラル&サザン・パシフィック鉄道シンジケートを一九〇一年に買収支配したのが、J・P・モルガンたちと覇を競った鉄道四天王の一人エドワード・ハリマンだった。ユニオン・パシフィック鉄道社長として君臨し、のちに息子アヴェレル・ハリマンが政界に乗り込み、ブッシュ・ファミリーを拾い上げる。一九九六年にはユニオン・パシフィックがサザン・パシフィックを買収し、ベクテルと一体になって動く資本となっているのである。

そのベクテル・グループが、レーガン政権の国務長官ジョージ・シュルツと、国防長官キャスパー・ワインバーガーを生み出した当時、シュルツのスピーチライターとして国務省の外交政策を取り仕切ったのが、ロバート・ケイガンだった。彼が九七年にビル・クリストルと組んで、新保守主義のシンクタンク「アメリカ新世紀プロジェクト」を設立し、二〇〇三年のイラク攻撃を煽動したのだ。国連を無視せよと激しい口調で語る彼は、クリントン政権時代から、先制攻撃によってサダム・フセインを排除しろと主張する好戦的シオニストだった。つまり新保守主義やイラク先制攻撃必要論（通称ブッシュ・ドクトリン）が、ブッシュ政権によって生まれた戦略だと思い込むのは、ケイガン自身が言うようにメディアがつくり上げた歴史的な誤謬《ごびゅう》である。ケイガンはヨーロッパではカガン、ロシアでは独裁者スターリンの第三夫人カガノヴィッチ一族と同じである。世界に断りなく九八年末にイラクの首都バグダッドへのミサイル攻撃を仕掛けたクリントン政権は、ケイガンの主張を実行に移したが、それ以前に彼らの活動は、冷戦時代に東西ドイツの核ミサイル配備という地獄の瀬戸際まで人類を連れ込んだレーガン時代から顕著になっていた。ソ連攻撃をスターリン一派が主張するとは矛盾もはなはだしいが、第三夫人の兄ラーザリ・カガノヴィッチはソ連で二〇〇〇万人を粛清して〝クレムリンの狼〟と呼ばれ、ソ連が崩壊した一九九一年に世を去った共産党幹部のユダヤ人であった。

シュルツとワインバーガーは二人とも、レーガン政権になって登場したのではなく、ニクソン政権の労働長官と保健教育福祉長官として政界に乗り出し、それぞれベクテルの幹部となってから、レーガン政権の要職を占めた。このように一九八〇年代からレーガン〜シュルツの保守派グループに、新保守主義のケイガン〜クリストルのユダヤ人グループが加わった事情を説明するのは、大富豪アネンバーグの存在である。鍵はニクソン時代にある。

二〇〇二年十月に、大衆誌の発刊者で大富豪のウォルター・アネンバーグが九十四歳でこの世を去った。〝フォーブス〟の富豪リストで資産四〇億ドル、金額では第四二位とされたが、カリフォルニア共和党政界の黒幕としての実力は、群を抜くものがあった。

ミシガン湖畔にある穀物と石炭の集散地ミルウォーキーに生まれたウォルター・アネンバーグは、父モーゼスと共にニューヨークに移り住み、一九三六年に出版業者の父が共和党のバイブルとされた新聞〝フィラデルフィア・インクワイアラー〟を買収した時から、共和党の黒幕としての人生が始まった。父の後を継いだウォルターは四四年に若者向けの雑誌を発刊して成功をおさめると、ラジオ局とテレビ局の買収に乗り出し、五三年に〝TVガイド〟を発刊したところ大ヒットとなり、全米最大の部数一七〇〇万部に達する雑誌となった。彼が問題を起こすのは、六二年である。ABC放送が制作したニクソン・ドキュメントが赤狩り時代のニクソンを批判したため、アネンバーグは傘下のテレビ局で放映を禁じ、紙上でニクソンを擁護したのである。すでにケネディー時代に入り、大統領の人気がますます高まっていたため、アネンバーグは世論の怒りを買うことになった。

ケネディー暗殺事件後、ジョンソン政権時代の六六年には、ペンシルヴァニア鉄道とニューヨーク・セントラル鉄道が合併するかどうかというアメリカ鉄道史上最大の事件が進行し、全米の注目を集めた。この合併計画を強力に支持したのが、アネンバーグの〝フィラデルフィア・インクワイアラー〟紙だった。この合併は、一国の経済を左右する出来事だった。ビジネス敗残者ブッシュがなぜ大統領になれたかというミステリーの背後に横たわるこの大事件は、次のようにして起こった。

ペンシルヴァニア鉄道とニューヨーク・セントラル鉄道の合併

二つとも、アメリカの大鉄道としては最古の老舗に属する。

イギリスのジョージ・スティーヴンソンが世界最初の本格的な鉄道を敷設した一八二五年、アメリカのジョン・スティーヴンズも蒸気機関車を走らせたが、四六年にはフィラデルフィアの実業家グループが本格的なペンシルヴァニア鉄道会社を設立した。路線はオハイオ州〜インディアナ州〜イリノイ州に拡大され、J・P・モルガンやロックフェラーたちの富豪閨閥が経営権を握って支配した。

歴代社長のうち、一八九九年にペンシルヴァニア鉄道社長に就任したアレグザンダー・キャサットが、本書で問題となる大統領を生み出す重要人物である。この名はこれからたびたび登場するので記憶されたい。彼の手で一九〇四〜一〇年に大工事がおこなわれた。一八九六年にニューヨーク証券取引所が設立されて間もないその時代、ウォール街は離れ島だったが、自由の女神が立つニュージャージー州側から、ハドソン川の地下にトンネルを通じてニューヨーク市と接続し、イーストリヴァーのトンネルでマンハッタン島をロングアイランド鉄道に接続する工事によって、ウォール街を一挙に発展させ、ペンシルヴァニア鉄道に隆盛をもたらしたのである。

キャサットは、合計三二を数える銀行・保険・信託・輸送会社で社長か重役をつとめる実業界の大物でもあった。その孫娘ドリスは、ウィリアム・ウェアと結婚したが、彼の伯父の名をジョージ・ハーバート・ウォーカーといった。ウォーカーは当時ハリマンが経営する投資銀行W・A・ハリマン社の社長で、ミズーリ州セントルイスを拠点にする大物投資銀行家だった。今度は一九二一年、ウォーカーの娘ドロシーがプレスコット・ブッシュという男と結婚し、プレスコットが義父の後を継いでハリマン社を経営し、二四年に長男ジョージ・ハーバート・ウォーカー・ブッシュをもうけた。この大変な血筋の家系から、一九四六年にジョージ・W・ブッシュが生まれるのである。創業一族は大抵、代を追って先祖の資産を食いつぶすものだ。

アメリカで最初に電化鉄道を導入したのは一八九五年のボルティモア・オハイオ鉄道だが、一九一〇年にキャサットがハドソン川の下を通るトンネルを開通させた時に、ペンシルヴァニア鉄道も電気機関車を採用し、さらにニューヨーク〜ワシントン間を電化した。この電力を生み出す産業は、フィラデルフィア電力を支配するトマス・ドランに握られていたが、彼も大物キャサット一族で、息子の嫁を投資銀行ブラウン・ブラザース家から迎えていた。つまり父ブッシュ政権の国務長官ジェームズ・ベーカーの一族である。ブラウン・ブラザースが一九三一年にハリマンと合併してブラウン・ブラザース・ハリマンとなり、ブッシュ家とベーカー家が共にこの投資銀行の幹部となったのは、鉄道投資と電力投資の賜物だった。要約すると、テキサス州のベーカー家とブッシュ家は、東部ペンシルヴァニア鉄道で結ばれた一族である。

アメリカの電力は当時から石炭に大きく依存していたので、石炭王国ペンシルヴァニアは石炭と鉄鋼の大工業地帯として栄え、電力・鉄道・石炭トラストは、第一次世界大戦を機にUSスチールの鉄鋼産業と、兵器製造・造船業界を巻き込んで広大な闇のコンツェルンを形成していった。一九二〇年代後半からペンシルヴァニア鉄道はバス会社の買収にも乗り出し、後年アメリカで最も有名なグレイハウンド・バスに育て上げ、バスとトラック輸送に進出していった。第二次世界大戦後のペンシルヴァニア鉄道は、一九五〇年代に入ってニューヨーク〜シカゴ〜セントルイスの三大商業地を結ぶ路線距離一万六〇〇〇キロ以上の全米最大の輸送業者となっていた。日本列島の宗谷岬から鹿児島まで直線で結んでも二〇〇〇キロ足らずだから、その八倍以上を支配したのである。

これに対してニューヨーク・セントラル鉄道は、わずかに遅れて一八五三年にスタートした。やがてこの鉄道利権を狙う一団が現われ、彼らはニューヨーク・セントラル鉄道株を下落させてはひそかに買い占め、一八六七年までにはついに八七パーセントを握ってしまった。その頭目をコーネリアス・ヴァンダービルトといい、社長だった彼が死去した一八七七年には遺産が一億ドルと推定され、ハンティントンもスタンフォードもハリマンも及ばない資産家だった。十九世紀最大の富豪と言われたヴァンダービルト家については『アメリカの経済支配者たち』（集英社新書）に述べたので、詳細は同書を参照されたい。

父コーネリアスの死後、社長ポストと遺産の大半を継いだウィリアム・ヴァンダービルトは、金融王J・P・モルガンを重役に迎えて全米の鉄道支配を目論み、三代目のコーネリアス二世が一八九九年まで社長として支配した。後継者チョーンシー・デピューはたびたび共和党の大統領候補になり、ブラウン・ブラザースの近親者だったので、先ほどのキャサット一族でもあった。しかし第二次世界大戦後は、経営者が転々と変り、ついにはペンシルヴァニア鉄道と合併する時代を迎えた。何があったのか？

アメリカは鉄道で旅をする時代ではなくなっていたのである。自動車と航空機が急速に発達し、自動車を持たない家庭は、数えるほど少なくなっていた。本格的な石油大量浪費時代への突入であった。広大なアメリカでは、大西洋岸から太平洋岸までの長距離旅行に鉄道を使ったのでは、一刻を競うビジネスマンの仕事が成り立たない。テキサス州一つに日本が二つ入るほど広大な国なので、一度航空機が普及すると、中流家庭以上のアメリカ人はほとんど鉄道の旅を楽しまなくなった。ペンシルヴァニア鉄道とニューヨーク・セントラル鉄道だけではなく、全米の鉄道が一挙に経営崩壊するという深刻な事態を迎えたのである。

一九五〇～六〇年代にかけて、すべての鉄道会社が合理化を迫られ、ワシントンの法律事務所ホイーラー&ホイーラーが大規模な鉄道合併再編ビジネスのほとんどを取り仕切った。この事務所を経営していたのは、ワイオミング州の北に隣接するモンタナ州選出の上院議員バートン・ホイーラーと、その息子エドワードだ。エドワード・ホイーラーにはフレデリカという娘がいた。またこのホイーラー事務所に六七年からジョン・ウィリアム・スノーという弁護士がつとめ、彼の妻は資料により異なるが、ホイーラー家のフレドリカまたはフレデリカなので、スノーはこの事務所の経営者の娘婿になったためホイーラー事務所に入ったと推測される。七二年にスノーは事務所を離れ、ニクソン政権運輸省法律補佐官になり、前述のように大統領首席補佐官チェニーのもとでフォード政権運輸次官補、さらに二〇〇三年イラク侵攻時のブッシュ政権財務長官へと出世してゆくのだ。これは政界工作として、関係者の誰にとっても好都合なストーリーだった。鉄道の合併・再編の認可は、輸送機関を監督する州間通商委員会が取り仕切ってきたが、六六年に運輸省が設立されて、委員会と運輸省は互いに姉妹機関となっていたからである。

こうして二大資本のペンシルヴァニア鉄道とニューヨーク・セントラル鉄道の合併が認可さ

れ、六八年にペン・セントラル輸送社が誕生するという全米産業史上の重大事件が起こったのである。

ペン・セントラルに集約される共和党閨閥

しかしなぜ敵対するニューヨークとペンシルヴァニアの合併だったのか。この二大鉄道の合併は、共和党の重要な閨閥と軍閥史であった。ニューヨーク・セントラル鉄道の支配者はかつて大富豪ヴァンダービルト家だったが、ペンシルヴァニア鉄道社長の大富豪ウィリアム・ソウの孫がレジナルド・ヴァンダービルトの義兄弟だったのである。十九世紀以来、最大のライバルと言われながら、もともと二大鉄道は同じ一族によって経営され、裏ではカルテルを結んでいたのだ。しかもソウの娘はUSスチールを生み出した鉄鋼王アンドリュー・カーネギーの甥と結婚し、その姪がジェームズ・ロックフェラーと結婚していた。ヴァンダービルト〜カーネギー〜ロックフェラー〜ソウの大富豪四人組がみな兄弟ではないか。この二大鉄道のレールがピッツバーグで生産され、ロックフェラーのスタンダード石油トラストが、鉄道会社と裏で結んだリベート協定によって全米の精油所を独占したのだ。

一方、大富豪四人組のUSスチール〝鉄のトラスト〟を取り仕切った顧問弁護士が、ニューヨークのサリヴァン・クロムウェル法律事務所のジョン・フォスター・ダレス、のちのアイゼンハワー政権国務長官として米ソ対立・核兵器競争を激化させた政界保守本流中の本流だ。その弟アレン・ウェルシュ・ダレスＣＩＡ長官が、アメリカ情報機関育ての親である。しかしなぜこの史上名高いダレス兄弟が、ロックフェラー財閥とモルガン財閥を代表するスタンダード石油トラストとＵＳスチール・トラスト、二大資本の弁護士としてアメリカ政界を動かしたのか。ダレスは熱心なキリスト教徒で、それが政策を決定したという物語がしばしば政治史に書かれてきたが、ブッシュのキリスト教物語と同じ大嘘である。石油はこの時代から化学工業の発達に伴って、軍需産業の原料・燃料を供給する中核産業として大発展した。石油を浪費する自動車産業のＧＭ、フォード、クライスラーもみな兵器産業に大きな資本を投じた。なかでもＵＳスチールは、戦艦の製造と大量の兵器を製造する総本山となり、こうした産業に大量の鉄鋼製品を送り込んで、巨額の利益を得ることができた。そこで彼らがまわりを見回した時、ペンシルヴァニア鉄道社長ソウ一族のダレス兄弟が、カーネギー～ロックフェラー家の近親者として、産業資本代表者に選ばれたのだ。

さらに戦後は、ロックフェラー財閥のスタンダード石油とウェスティングハウス、モルガン財閥のデュポンとＧＥが核開発と原子力に大きく進出した。そして彼ら工場経営者は実際、資本家を無一文にしてしまう共産主義革命には脅威を感じていた。世界革命を輸出するトロツキストのユダヤ人は最大の敵だったのである。しかも目の前にある軍需産業の利権を生み続け、同時に富豪としての資産を増やすために、共産主義との軍事対立ほど恰好のストーリーはなかった。ダレス兄弟は、弁護士から外交官へと政界に踏み出し、そして共和党政権の国務長官とＣＩＡ長官ポストに送り込まれることになったのである。五〇年代にアメリカに吹き荒れた赤狩り――共産主義撲滅に名を借りた労働運動・平和運動弾圧とユダヤ人攻撃は、みな彼らの手先が煽動した作業だった。

こうしてあらゆる組織、あらゆる資本、あらゆる産業を近親者で支配したひと握りの共和党閨閥が、ペン・セントラルという鉄道に集約されることになった。

この鉄道は、全米の乗客の三分の一、長距離輸送の四分の三を支配するほど巨大だった。この合併を強力に推進したのが、先に述べたペンシルヴァニアの出版業者で、共和党の支援者アネンバーグだったのである。そのころ知事選で対立していた民主党は、この合併計画は大きな利権をめぐる巨額の詐欺であると痛烈に批判し、それに対してアネンバーグは感情的な反論を〝フィラデルフィア・インクワイアラー〟紙上に展開した。ところが、やがて選挙で共和党が勝利後、何とアネンバーグ本人がペンシルヴァニア鉄道の重役に就任したとみるまに、彼がこの鉄道の個人最大株主であることが露顕したのである。彼が後年、美術品のコレクターとしてゴッホ、ルノワール、セザンヌ、ドガ、ロートレックなどの逸品を誇ったのは、こうして資産を増やしたからである。

ところが合併によってアネンバーグのような株主が私財を肥やし、群がる利権者が巨額の利益を得た裏で、鉄道事業そのものはすでに手当てが間に合わない瀕死の状態になっており、わずか二年後の七〇年六月にペン・セントラルがあえなく倒産したのである。一八三一年から創業してきた名門中の名門エリー鉄道を始め、鉄道の倒産ラッシュが全米に襲いかかった。ダレス兄弟と共にアイゼンハワー政権で副大統領をつとめたニクソンが大統領になっていた。ニクソン政権は、旅客と貨物の輸送を守るため、人間の輸送は国家予算でまかない、鉄道会社は貨物輸送だけをおこなう方針を打ち出し、危機を乗り切ることにした。こうして翌七一年に設立された全米鉄道旅客公社が、通称アムトラック（Amtrak = American Travel and Track）である。また七三年には、経営が成り立たないペン・セントラルなど六社を部分的に合併した民営会社コンレール（Conrail = Consolidated Rail Corporation）が設立され、七六年に営業開始、この路線をやはり国家が支援した。十九世紀来、暴利に暴利を重ねてきた鉄道資本家たちが損害を受けないよう、事実上は政府援助を利権者に与えることを目的とした事業体だが、それを取り仕切ったのが、チェニーとスノーのコンビだったのである。

こうして私財を肥やしたアネンバーグが、実はハリウッド俳優ロナルド・レーガンと、一九三〇年代から遊び仲間として付き合ってきた旧友だったのだ。そのためニクソンとレーガンの資金源として共和党に金を貢いだアネンバーグは、六九年に選挙の功労としてニクソンからイギリス大使という大役を与えられた。彼は大使になるため、〝フィラデルフィア・インクワイアラー〟をナイト新聞社に売却したが、同社が七四年にリッダー出版と合併して、二十一世紀には全米第二位を誇る日刊紙三二紙を発行するナイト・リッダー社となった。経営者のバーナード・リッダーは、民主党のフランクリン・ルーズヴェルト大統領の姪と結婚した人物なので、フィラデルフィアの共和党新聞が、ゴア支持の民主党色の新聞に生まれかわり、現在のフィラデルフィアとペンシルヴァニア州は、圧倒的な民主党の地盤である。

イギリスに赴任した大使アネンバーグは、ハリウッドのインテリアデザイナーを引き連れてロンドンに乗り込むと一〇〇万ドルをかけて大使公邸を改装し、その派手好みの趣味にイギリス人が辟易とするのをものともせず、エリザベス女王と懇意になって七六年には名誉ナイトの称号を受けた。八〇年代に一〇億ドル長者となった彼は、相変らず政界の有力者だった。イラク軍がクウェートに侵攻する前、九〇年三月の日米首脳会談はブッシュ大統領と海部俊樹首相がカリフォルニア州の保養地パームスプリングズで会ったが、ブッシュは地元富豪アネンバーグ邸に宿泊し、そこで晩餐会が開かれた。さて、アネンバーグのもう一つの政治的コネクションはどこにあったか。

彼はユダヤ人だったので、裏ではイスラエル人脈と親交してきた。彼がニクソンとレーガンに肩入れしたのは、反ユダヤ的保守主義の危険な性格を変えさせることが目的だったと推測される。五八年には東部ペンシルヴァニア大学に自分の名前を冠したアネンバーグ通信学部を設立し、七一年には西部サザン・カリフォルニア大学にもアネンバーグ通信学部を設立して、政治解析のコースを設けた。ここからイスラエルの軍事シオニスト・グループの政治シンクタンク「高等戦略政治問題研究所 Institute for Advanced Strategic & Political Studies」の専務理事ウィリアム・ヴァンクリーヴ教授が登場する。七九〜八一年にレーガンの政策顧問となって、ペンタゴン幹部選考チームの指揮官となったヴァンクリーヴは、ワインバーガー国防長官の特別補佐官としてペンタゴンの政策を左右する黒幕と言われたが、レーガン時代に設立された軍事シンクタンク全米公共政策研究所の知恵袋となり、ついにはネオコンと組んで、息子ブッシュ政権の実戦用小型核兵器開発という危険な道を拓いた人物である。

第二次大戦中のマンハッタン計画に参加し、〝水爆の父〟と呼ばれたエドワード・テラー博士はハンガリー生まれのごりごりのシオニストで、水爆を「マイ・ベイビー」と呼んだ恐怖の科学者だったが、スタンフォード大学内のシンクタンク「フーヴァー研究所」の幹部としてレーガンと親交し、ビル・クリストルの母ガートリュードもこの研究所に属していた。レーガンに核戦略を焚きつけたのがテラー博士である。一九六〇年代前半まで核戦争の危機を世界に訴えてきたユダヤ人たちが物言わなくなり、クリストルたちが保守的な立場に転向したのは、七〇年代までにイスラエルが原爆開発に成功したため、自分たちの反核論がユダヤ人の安全保障にとって都合が悪くなったからである。そして共和党内部で好戦的シオニストが大きな力を持ち始めたのだ。この組織と連動した高等戦略政治問題研究所のワシントン支部は、パレスチナ紛争でイスラエルを支持するようアメリカの議員に圧力をかけ続け、九六年には外からの軍事革命を提唱する〝Clean Break〟（領土安全保障のための新戦略）と題する文書を出し、サダム・フセインのイラクにハーシム家を復活させる政策を提唱したのである。

ハーシム家は、予言者ムハンマド（マホメット）を生んだイスラム教の原点である。その子孫の一支流が第一次世界大戦で〝アラビアのロレンス〟と組み、イギリスの三枚舌に欺かれながらかろうじてイラクとヨルダンに王国を建国した。しかしイギリスがモスール、バスラ、キルクークの油田を獲得する目的でつくったイラクの傀儡政権は民衆から嫌悪され、一九五八年のクーデターで国王が殺されてしまうと、ハーシム王朝が消滅した。その後に登場した独裁者サダム・フセインを嫌うイスラエル人脈が、評判の悪い「王室一家を復権させ」、その一方で「中東に民主制度を広げよ」と主張するほど露骨な矛盾はない。CIAの支援を受けてサダム独裁に反旗を翻し、アメリカによるイラク軍事制圧後に帰国したイラク国民会議代表のアハマド・チャラビは、五八年のクーデターでアメリカに亡命した銀行一族の富裕階層で、イラク民衆から嫌われてきたハーシム王朝の一派である。そのチャラビをリーダーとして新国家を運営させ、カビの生えた王室を二十一世紀に復権させる物語が民主化では、赤ん坊さえ説得できない。イスラム社会に混乱を起こそうと画策していることが、この一事から明白だ。

実際、チャラビを担ぎ上げたのは、ウォルフォウィッツ国防副長官と、アメリカのシンクタンク「ハドソン研究所」のマックス・シンガーだった。イスラエルのシャロン首相グループに属して〝中東のファシスト〟と呼ばれるバール・イランの下で活動してきたのが、シンガーだった。バール・イランは、ホリンジャー・インターナショナルという新聞社グループの幹部として、国防政策会議議長リチャード・パールと一緒にジェルサレム・ポストを経営してきた事業仲間だから、シンガーはまぎれもなくネオコンである。ネオコンの仮面をとれば、至るところに好戦的シオニストの顔が現われる。

二〇〇三年にイラクを軍事制圧後、これらネオコンに対する軍人と議会の怒りは爆発した。イラクからの亡命者の話は嘘だらけだった。国連で騒いだ「イラクとアル・カーイダの関係」を示す証拠も、「大量破壊兵器」も見つからず、大統領、全閣僚、ペンタゴン、そして国家全体が世界中に恥をさらしたからである。しかも攻撃前に、CIAのアナリストが「それらの証拠は不明である」と報告したにもかかわらず、驚くべきことにブッシュと取り巻きは、正確な事実が国連でのアメリカの主張に合わないと憤激し、事実を曲げて政府と同じ意見を書くようCIAに強要したことが明らかになったのだ。CIAとはCentral Intelligence Agencyの略である。ブッシュ政権はインテリジェンスを否定し、事実に憤激する集団であった。戦場で命をかける軍人が、ライス、チェニー、ラムズフェルド、ウォルフォウィッツ、パールら、事実を見ないで戦略を立てる人間に怒ったのは当然である。

国連安全保障理事会がアメリカとイギリスの提出したイラク制裁解除決議案を採択した五月二十二日のアメリカ上院外交委員会でも、「イラク復興のための計画は、何週間も進まず、費用も、方法も、将来計画も失敗した。攻撃ばかりに熱中し、復興計画などなきに等しい」と国防副長官ウォルフォウィッツをつるし上げた。イラク攻撃に参加した米兵は、イラク人にどうやって復讐してくれようかとリンチ感情満々でバグダッドに乗り込んだが、制圧後は民主化を進め、油田を管理し、何から何まで後始末しなければならなくなった。アメリカはイギリス軍のバグダッド復興援助に期待したが、イギリス政府が拒否したので、孤立した米軍だけが残ってイラク新国家を建設しなければならないのだ。ところが米兵は、イラク人なんか放り出して一刻も早く家に帰りたい、というのが本心だった。

日本の新聞は〝アメリカがイラク支配〟という論調の見出しを並べたが、アメリカはイラクを支配したのではなく、実際にはイラク復興というとてつもない負の遺産をしょいこんだのだ。「兵士はいつになったら帰国できるのだ」と、議員たちはペンタゴンに食ってかかった。ウォルフォウィッツが石油資源を口にして反論しようとすると、民主党の大物議員ジョゼフ・バイデンが遮った。「何が資源だ。われわれにとって重要な問題は、輸出量を日量一〇〇万バレルまで増やすには、五〇億ドルの投資をしなければならないということなんだ！」

ネオコンは石油ビジネスにまったく無知だった。アメリカ財政の現実は、バイデンの言う通りだった。共和党議員までネオコン批判を展開したが、六月に入ってさらに深刻だったのは、十五万人近いイラク出征兵士の家族たちが、テキサスなど郷里の基地で「早く兵士を帰国させろ」と騒ぎ出したことである。兵士の妻たちは、夫がいつ死体となって帰るかも知れない恐怖におびえていたのだ。しかも、人を殺して帰国する兵士は人が変るため、湾岸戦争後には離婚率が五〇パーセントを超える基地が続出したのである。これでは、占領どころではない。

さて、ペン・セントラルの巨大資本はどこへ行ったのだろう。

鉄道利権と光ファイバーケーブル

一九六八年に合併誕生したペン・セントラルは、七〇年に倒産し、ほかの北東部の鉄道六社も道連れのように倒産したが、国営鉄道公社アムトラックがほぼすべての乗客を引き取り、コンレールも輸送事業を引き取った。そのあとレーガン政権は、八一年の発足直後に二一億ドルという巨額の援助をペン・セントラルにつぎ込んだ。

これは事業を鉄道に限定せず、ほかに広く求めるための体質変換資金であり、改組されたペン・セントラルは石油ガス事業から兵器産業の買収にまで次々と進出し、石炭から不動産まで手を広げたが、どれも採算がとれなかった。そこへ乗っ取り投資家カール・リンドナーJrが現われると、八二年にペン・セントラル株を買い占め、翌年に会長に就任してしまったのである。

彼は兄弟とアイスクリーム店を開店し、アメリカン・ドリームの成功物語によくあるように、なぜか二二〇店の大チェーンとなり、貯蓄ローンの銀行ビジネスに進出してアメリカ金融社を設立した男だ。七〇年代にはバナナのチキータ・ブランズを買収し、八〇年代にはユナイテッド・ブランズ会長として食品業界の大物になっていた。片手に鉄道、片手に食品を握るリンドナーの同族金融会社は、さらにペン・セントラルの工業部門を独立させながら保険業に進出して、大手の自動車保険グループを買収し、九四年に社名をアメリカン・プレミア・アンダーライターズという保険会社に変えてしまった。さらに自分の金融会社と合併させてAFG（アメリカン・フィナンシャル・グループ）にしたのである。

モルガン商会やヴァンダービルトの権勢と共に語られてきた伝説的なアメリカの名門鉄道会社は、こうしていつしか奇怪な金融機関に変貌してきた。その資金力は、ベクテルと同じように同族会社として闇の中にあるが、新聞王ハーストと組んだスクリップス・ハワードやタフト放送のメディアまで支配する。それは、一つの政治勢力である。

古い鉄道が、なぜメディアという最も近代的な道具を支配できるのか。

それは、二〇〇一年に経済誌〝フォーブス〟で全米一六位にランクされたフィリップ・アンシュッツという一人の人物の生い立ちが物語る。資産が九六億ドル、すでに一兆円を楽に超える彼は、通信業界第一位の富豪として「光ファイバーケーブルの王様」と呼ばれてきた。つまり彼は、メディア王ルパート・マードック、国際金融界の黒幕ジョージ・ソロス、CNN生みの親テッド・ターナー、ブルームバーグ経済通信からニューヨーク市長に出世したマイケル・ブルームバーグといった大物中の大物より上に出たのだ。その資産が映画界と劇場に投じられ、全米で公開される映画五本のうち一本が、アンシュッツ支配下に入った。

地理を見てみよう。フォード大統領が生まれたネブラスカ州オマハはユニオン・パシフィック鉄道の起点だったが、アンシュッツはその南に隣接するカンサス州で生まれた。そこには、中西部から西部ニューメキシコ州まで達するアチソン・トピーカ・サンタフェ鉄道があった。特に小麦の生産で全米一のカンサス州には、アチソン〜トピーカを結ぶカンザスシティーがあって、ユニオン・パシフィック鉄道のへその役割を果たしていた。北にオマハ、ミネアポリス、シカゴ路線が伸び、東はセントルイスに至り、西はデンヴァー、ソルトレークシティー、サンフランシスコ、ロサンジェルスまで通じ、さらに南にはオクラホマからダラス、ヒューストンまで至るテキサス路線が走っていた。

鉄道用地には、路線通行権というものがある。J・P・モルガンを始めとする十九世紀の鉄道王たちが通信を支配し、ハンティントンが鉄道の両側の敷地を私有して富豪になったなら、現代の鉄道投資家も自分の敷地にケーブルを敷設する権利を独占できるのだ。アメリカの放送は日本のように電波だけに依存せず、テレビ界はケーブル天国である。中でも光ファイバーは、光を伝えるガラス繊維を束ね、電気信号ではなく光信号を使って通信をおこなう方式なので、これまで通信に使われてきた銅線に比べて大量のデータを高速で送ることができ、電話と高速インターネット、動く画像の通信分野で大きな脚光を浴びてきた。

アンシュッツは、六〇年代に石油探査を始めると、七〇年代にはユタ州で天然ガスの出る広大な土地を買い占めて大当たりをとり、このうち半分をスタンダード石油財閥モービルに売却して大金を手にした。時代はすでに鉄道産業が斜陽となっていたため、アンシュッツは鉄道株を買い占めにかかった。コロラド州デンヴァーの通信会社クウェスト・コミュニケーションズを根城に、鉄道用地の路線通行権を利用して光ファイバーを次々に敷設していった。カリフォルニアの四人組が設立したサザン・パシフィックの会長にまでのし上がった彼は、二〇〇〇年には創業百二十年を誇る西部の地域通信大手USウェストを買収することに成功し、翌年から日本に本格進出した。ワールドコムが倒産した二〇〇二年には、一日の電話二億四〇〇〇万会話、Eメール六億通を扱う国際的通信会社となって、アンシュッツがその一八パーセントを保有する最大株主として業界に君臨した。このストーリーは、資産一〇七〇億ドル（一二兆四〇〇〇億円）、負債四一〇億ドルを抱えて二〇〇二年に倒産したワールドコムの会長バーナード・

エバーズを髣髴させるものだ。

その通り、エバーズが不正に取得していたのがクウェスト株である。二〇〇二年五月に格付け会社ムーディーズがクウェストの長期債務格付けを下げると、業績の急激な悪化が表面化し、破綻した通信大手グローバル・クロッシングと通信回線の空き容量を相互に売買する収益水増しの巨大な会計不正が発覚した。光ファイバーの需要が広がらず、実はバブルだったのである。このグローバル・クロッシングの顧問をつとめて不正に手を貸していたのが、ペンタゴンの危険人物、イラク攻撃を煽ったネオコン総帥リチャード・パールだった。ラムズフェルドを動かして米軍をイラク殺戮攻撃に導いた国防政策会議議長は、詐欺集団の一員だったのだ。

パールが〝暗黒の王子〟Prince of Darkness と呼ばれる世紀の悪党であることは、二〇〇三年一月からアメリカのメディアでたびたび報じられた。王子とは、マーク・トウェインの名作童話『王子と乞食』をもじってつけられた呼称である。彼は九月十一日事件に関してウサマ・ビンラディンとサウジアラビアを批判しながら、裏で何をしていたか。中東に兵器をばらまくサウジの〝死の商人〟アドナン・カショーギがベンチャーキャピタル会社トライリーム・パートナーズに投資する件に関して、こともあろうにイラクに兵器を送り込んできた危険人物カショーギとフランスで密談し、しかもトライリーム社のマネージング・パートナーをパール自らがつとめて私腹を肥やそうと動き回っていた。イラク攻撃を主張したパールの二重人格が雑誌

〝ニューヨーカー〟二〇〇三年三月十七日号に暴露されると、その記事を書いたシーモア・ハーシュを「告訴するぞ」と脅迫したのもパールだった。この記事にもう一つの事実を加えるなら、イラクに国境線を引いたのは、当時のイギリス植民大臣ウィンストン・チャーチル（のちの首相）である。その時チャーチルは、クルド人居住区キルクークに石油ありと見抜いて強引にイラクに編入し、現在の民族問題を生み出した。カショーギの妻は、首相の孫ウィンストン・チャーチル議員と密通して女の子をもうけた。同議員の母はアンシュッツの鉄道事業仲間であるアヴェレル・ハリマンの未亡人パメラ・ディグビーで、彼女はロスチャイルド一族として政財界の寝室から寝室へと動き回ってきた。

さらに通信会社グローバル・クロッシングが会計不正発覚によって二〇〇二年一月に倒産すると、同社は中国とシンガポールの企業に株売却を計画したが、国防総省が認可しないため、ペンタゴン圧力者としてパールが買収調停に乗り出した。しかもこの売却を政府が承認すればパールが七二万五〇〇〇ドル（ほぼ八七〇〇万円）の大金を受け取る手筈になっていたことが暴露され、二〇〇三年三月二十七日に国防政策会議議長を辞任する破目に追い込まれたが、なお委員に留任してイラク攻撃を成功させたのである。そのパールが、イスラエルの政治シンクタンクに所属してシャロンやロスチャイルド財閥と内通するペンタゴン・グループを形成してきた。

このグループに入るアンシュッツは、九九年に最高値水準にあった時に一五億ドルものクウェスト株を売却していたことが露顕し、その後クウェストの株価は紙切れ同然の一ドルまで急落した。トップの入れ替えがおこなわれ、元重役四人が連邦検事に告訴され、SEC（証券取引委員会）も七人のクウェスト幹部を告訴した。これでよく倒産しなかったものだが、かなりの株を売り逃げたアンシュッツは相変らず莫大な石油資産を持ち、ハリウッドのメジャー「ユナイト」を所有し、ユニオン・パシフィック鉄道の重役室にハリマン一族と共に坐っていたものだ。彼は鉄道が所有する不動産利権を手放さず、二十一世紀アメリカの最も危険な土地バブルをリードしてきた。これが、早晩大崩壊すると見られている投機である。

スノー財務長官の強欲

鉄道は、数々の顔を持っている。スノーは鉄道再編の時代に何をしていたのか。

ユニオン・パシフィック鉄道とペン・セントラルが変貌する時代を縫って、運輸官僚のスノーはのし上がっていった。フォード政権時代の高速交通安全局長を退職すると、かつて自分の法律事務所が差配した民間ビジネスへ戻り、しばらく鉄道会社チェッシー・システムの政界ロビイストとして活動してから、一九八〇年に大鉄道会社CSXコーポレーションの副社長に迎えられたのだ。アメリカは日本と違って天下りが厳しく禁じられていると言われるが、実際は手順を変えた天下り横行社会である。

ＣＳＸコーポレーションは、主に四つの鉄道会社（ボルティモア・オハイオ鉄道、チェサピーク・オハイオ鉄道、アトランティック・コーストライン、シーボード・コーストライン）が合併して誕生した会社で、東海岸を縄張りとする路線である。ボルティモア・オハイオ鉄道は、ブラウン・ブラザース・ハリマンの創業一族（ベーカー一族）の銀行家ジョージ・ブラウンが財務主任となって、ボルティモアからオハイオ川までの鉄道建設のために設立された会社だった。これに対してチェサピーク・オハイオ鉄道は、カリフォルニア四人組のハンティントンが支配後、Ｊ・Ｐ・モルガンが乗っ取り、第二次世界大戦後にロックフェラー仲間のサイラス・イートンが支配した鉄道だった。鉄道危機の一九六三年、チェサピーク線がボルティモア線を買収し、七一年に設立されたアムトラックに乗客輸送事業を譲り渡してチェッシー・システムと改名後、天下り官僚スノーが動いてさらにほかの二線と合併、大手の貨物輸送鉄道ＣＳＸとなった。イラク石油事業の復興諮問委員会トップに指名されたフィリップ・キャロルが、シェル石油社長からエンジニアリング会社フルーア・コープ最高経営責任者に転じたことをすでに述べたが、フルーアは子会社に大手産炭会社マッセイ・コールを持ち、二〇〇〇年に独立してマッセイ・エナージーとなった。同社の石炭を大量輸送してきたのがＣＳＸだったのである。

八九年にＣＳＸ社長に就任したスノーは、二年後に会長・最高経営責任者となって全権を掌握し、そして九八年には、政府援助で営業されてきたコンレールをＣＳＸが逆に買収して、ペン・セントラルの資産をいただいてしまった。政府と企業の談合による巧みな税金の盗用である。一方、ほぼすべての鉄道の旅客輸送を引き継いだアムトラックは、政府が毎年数億ドルの補助金を注入しても鉄道不況を克服できず、赤字操業が続いた。九七年には再編委員会が設立されて分割案が出され、利権分捕り合戦が展開されてきたが、二〇〇二年にはついに積年の赤字で存続の危機に直面した。昔ながらの鉄道旅をゆっくり味わうアメリカ人や、アムトラックの旅情を楽しもうとする外国人観光客も少なく、都市と都市を結ぶ交通にアメリカ人の九九・八パーセントが自動車か飛行機かバスを利用する時代になっている。アムトラックがなくなっても影響を受けるのは残り〇・二パーセントしかいないから、アメリカ北東部を旅する北東回廊など一部の路線を除けばほとんど採算がとれず、「つぶしてしまえ」という声が世論の中でふくれ上がり、改革案も脱線した。

こうした中、イラク攻撃前にスノーがようやく議会で承認され、二〇〇三年二月三日に財務長官に就任した。企業の相次ぐ不正でウォール街とホワイトハウスへの不信が爆発し、前任者オニールは財務長官の仕事を放り出して〝無能〟と呼ばれ、前年十二月に更迭された。それから二ヶ月間も財務長官が空席のまま、次の長官を決められないなどという異常事態は、南北戦争前の一八四四年以来という恥ずかしいことだった。一月七日にブッシュが天文学的な減税案を具体化し、一方で四〇〇〇億ドル近い軍事支出を計画していたというのに。

世界中が無計画なアメリカの巨大赤字財政にあきれ、不安をふくらませた時、財務省に財務長官の姿はなく、これほど深刻な減税案を長官代理のケネス・ダムが発表した。ダムは一九七一〜三年にニクソン政権でオニールの部下をつとめて出世街道を走り始め、八七年からはオニール会長の下でアルコア重役をつとめ、オニール財務長官の副長官となった腰巾着だが、スノーが財務長官に就任すると翌日ダムが無責任にも辞任してホワイトハウスを去った。驚いたことに、引き継ぎも何もない。財務計画とは、長い先を読んで数字を分析し、用心深く結論を導くものである。財務長官や長官代理と無関係に経済政策が決定される話など、聞いたことがない。ブッシュ政権は、何事も思いつきで行動する集団であることがこの経過から明らかである。この無計画性が、イラクへの戦争準備を進めた人間たちに共通する特質である。

ここまで述べたように、十九世紀の利権構造が二〇〇三年まで続くほど、アメリカの保守本流は因果な世界にある。新参者が事業に入り込もうとすると、この保守社会が排除にかかり、差別的な行動に走り出すのも、鉄道が古くから張りめぐらした土地の利権が背後に横たわっているからである。本来〝保守〟という言葉は、昔からのよき伝統や生活習慣、土地に染みついた古来の文化を守るというすぐれた性格を含む。日本でそれぞれの土地に祭があり、木材と紙、繊維のやわらかい文化があれば、それをわれわれは守りたい。絵画になる風物や生き物、古老の言い伝え、地方の方言を残したい。したがって環境保護運動は保守そのものである。しかし近年使われる保守は、〝利権〟の代名詞に堕ちたままだ。

スノーが財務長官に就任した途端、ウォール街の株価がぐんぐん下がってゆき、ワシントンに大雪が降って「スノーがスノーを連れてきた」と陰口をささやかれ、五大湖で最大のスペリオル湖は二十四年ぶりという寒さで全湖面が凍結した。凍りついた投資家の心に疑問を抱かせた彼の財政運営能力は、どこに問題があったのか。これは世界経済を左右する重大事なので、詳細を説明しておく必要がある。

CSXからエネルギー部門を買収したエンロンが二〇〇一年末に倒産すると、スノーは財界に企業モラルを説教してみせた。ところがその一年後、ブッシュが彼を財務長官に指名すると、彼の不道徳きわまりない過去が次々と明るみに出た。会長職を退任後にホワイトハウス入りした場合には、総額一五〇〇万ドルを受け取る協定をCSXと結んでいたからである。スノーが政権の座に就いて会社に益がなければ、このように非常識な退職金協定などあり得ない。CSXが会社ぐるみで国家の金を手に入れようという魂胆だ。

この露骨な利権誘導の退職金協定が報道されると、批判を浴びて狼狽したスノーは、議会が財務長官就任を承認すれば一切の手当てを受け取らないと、急いで同社に通知してみせた。しかし彼がCSXの会長をつとめた十二年近くで五〇〇〇万ドル（ほぼ六〇億円）もの報酬を得ながら、そのあいだに会社の利益は二五パーセントも減少していた。ＣＳＸの株価上昇も、ほかの大企業に比べて半分。株主への年間配当率もニューヨーク証券取引所の輸送株の平均配当より三五パーセントも少なかった。

スノーの個人的な欲望は、さらに大きな疑問を国民に抱かせた。九六年には会社から借金して株を購入できる幹部だけの特権制度をつくると、スノーは早速二五四〇万ドルを借金して割安株を購入した。ところが二〇〇〇年にＣＳＸの株価が九六年より四〇パーセントも下落すると、ＣＳＸはこの制度を廃止して、彼から株を買い戻して借金を御破算にし、スノーは割安株を返却した。取得時に七〇〇万ドルの時価だった株は、返却時に四〇〇万ドルの価値しかなかった。スノーの大損害をＣＳＸが穴埋めしたのだ。

彼を財務長官に指名し、この過去について批判を浴びたホワイトハウスは「違法ではない」と釈明につとめたが、このメカニズムがエンロンを破綻させたことは全米周知の事実であり、新しい企業会計改革法では企業幹部の腐敗の温床として禁止されているローンだ。彼が得た五〇〇〇万ドルの報酬とは、会長に就任した九一年が報酬一六〇万ドル、一三万四〇〇〇株のストックオプションに始まって、十年後には現金報酬一〇一〇万ドルのほか、八〇〇万ドルを超える価値の八〇万株のストックオプション、合計年収ほぼ二〇億円を取得するまでに報酬が急上昇していた。当然、ＣＳＸの労働組合から激しい批判を浴びてきたとんでもない経営者である。

そして二〇〇三年三月二十日にアメリカのイラク攻撃開始と共に、スノーは大統領に行政命令を出させ、アメリカ国内のイラク資産を財務省が没収すると発表した。それは九〇年のイラクのクウェート侵攻以来凍結してきたイラク政府の銀行預金などで、総額二〇億ドル以上にものぼるイラク国民の金である。これは火事場泥棒に等しい。さらに四月に開催されたG７（先進七ヶ国財務相・中央銀行総裁会議）で、サダム・フセイン時代につくられたイラク債務の削減をフランス、ドイツ、ロシアに要求した。イラクはクウェートに対する一七〇億ドルの債務のほか、アラブ首長国連邦、バーレーン、サウジアラビア、オマーン、カタール、ロシア、フランス、ドイツ、日本などに総額一二七〇億ドル（一五兆六〇〇〇億円）とも推定される未返済金があり、これがイラク復興を妨げるというのがアメリカの言い分だった。しかし長期にわたって経済制裁を強めてイラクが借金を返せないよう誘導してきたのは、クリントン政権が企んだ反イスラム政策であり、国連でしばしば非難されてきた。

財務長官の履歴と言動をくわしく記したのは、アメリカがきわめて貧困な計画で経済を動かそうとしている二十一世紀初頭の現状——新保守主義と呼ばれる好戦的シオニストに誘導された保守本流の粗末な実態——を認識するためである。スノーの前の財務長官オニールを筆頭に、チェニー、ラムズフェルド、彼らはみな大企業の経営トップをつとめたが、苦難を乗り越えながら会社を育てた叩き上げの実業家ではない。いずれもビジネスの現場を知らず、他人から奪うことしか知らない官僚天下り集団であるところに、彼らの特質がある。ブッシュ政権で実業界の裏を知っていたのは、四半世紀以上も石油と天然ガスのビジネスマンとして活動し、天然ガス会社を経営してきた商務長官のドナルド・エヴァンズだけである。しかし彼の名前はイラク攻撃でもイラク復興でも油田利権問題でも、一度も耳にしなかった。

アメリカの労働者意識

第一次・二次世界大戦後、世界の産業モデルとなってきたアメリカ。家庭電気製品ではGE（ゼネラル・エレクトリック）とウェスティングハウスが世界の王様だった。とりわけ犬がトーキング・マシーンに耳を傾けるヴィクターのマークで知られるRCAブランドがあった。全盛期のロックンロール歌手エルヴィス・プレスリーのレコードを売っていたのが、ヴィクターである。ところが二〇〇三年現在、GE傘下のRCAのビデオ、オーディオ、通信などエレクトロニクス・ブランドを販売しているのは、フランスのトムソン社である。エジソンと共にGEを生み出したトムソン・ヒューストン社が、フランスに渡ってその子会社が大きくなり、一九八〇年代には親会社GEの家庭用エレクトロニクス部門を買収したのだ。トムソンは二〇〇一年にテクニカラー社も買収した。そのフランスのトムソンを経営していたのが、ド・ヴィルパン家だった。アメリカ人は、国連安全保障理事会でパウェル国務長官をやり込めたフランス外相ドミニク・ド・ヴィルパンに憎悪のまなざしを投げかけた。彼を批判しながらテレビを見て、かなりのフランス製品ボイコット運動が起こったが、トムソン社はテレビ販売台数で全米一である。ド・ヴィルパン家のテレビで、フランス外相ド・ヴィルパンを見て、トムソン社のテクニカラーで名画『シェーン』を見ながら不買運動を広げようとしても無理である。

この珍妙な事態を招いたのは、第一次・二次世界大戦を契機として、アメリカの産業が大きく変貌したからである。アメリカ人の働く会社と職場は、技術の変化にともなって著しく変ってきた。二十世紀産業界の大きな幕を開いたのは、USスチールというマンモス鉄鋼会社の登場である。彼らは鉄をつくるために石炭を燃やし、石炭を運ぶために鉄道を必要とし、レールを敷くために鉄を生産する、という三つ巴で追いかけっこをする巨大な資本となり、大量の肉体労働者を雇う大会社だった。

鉄鋼業の最大顧客は自動車業界にあり、アメリカ人が大量に使用する自動車をつくるのになくてはならない鉄鋼だが、不思議なことにアメリカでは現在、鉄道と同じように光の当たらない産業である。というのもアメリカでは、一九九八〜二〇〇二年にかけて鉄鋼会社三〇社が倒産して大編成に見舞われ、粗鋼生産量で世界のベストテンが韓国、日本、中国、ヨーロッパ勢に占有されたからである。百年前に世界最大の企業だったカーネギー・モルガン連合のUSスチールはどこへ消えたのか。

どこにも消えていない。USスチールは八二年にエネルギー産業に進出してマラソン・オイルを買収すると、四年後にはテキサス石油ガスも買収して、その八六年にUSXという謎めいた社名に変更した。だがその年に韓国最大の鉄鋼会社・浦項《ポハン》総合製鉄と合弁会社を設立し、事実上、米韓の基幹産業が一体化したのである。時代はレーガン政権の三人の領袖、財務長官ベーカー、国務長官シュルツ、商務長官マルコム・ボルドリッジの保守本流が世界経済を組み換える戦略に打って出た時だった。シュルツはベクテル・グループ社長として原発建設のため韓国政界に贈賄工作を進めたスキャンダルがのちに発覚する人物で、鉄の塊である原発やパイプライン、自動車の製造に韓国労働者の低賃金を利用することを考えていた。ボルドリッジは、メロン銀行頭取の娘婿となってから、鉄鋼会社イースタン社長へと出世街道を歩み、J・P・モルガンの曾孫ジョン・アダムズ・モルガンが支配するコネティカット州のコングロマリット、産業機械メーカーのスコヴィル会長へとのし上がった工業界の重鎮だった。彼は翌八七年にロデオ競技の練習中に落馬して事故死を遂げ、世界を驚かせるが、フォード大統領と同じユニオン・パシフィック鉄道発祥の地ネブラスカ州オマハ生まれで、カウボーイの世界に育ち、ロデオの名人で、投げ縄では全米十指に入る腕を持っていた。

韓国政府が六八年に南東部の浦項に設立した小さな会社・浦項鉄工所は、シュルツが国務長官退任後、世界最大の自動車メーカーGM重役となって浦項を支援すると、八〇年代からUSスチールとベクテル・グループの力を得てぐんぐん成長し、九〇年代には粗鋼生産量で世界トップの浦項総合製鉄となった。USスチールのアジア工場である。そして浦項が二〇〇〇年八月に世界第二位の新日本製鉄と資本提携し、世界一位・二位の鉄鋼連合が誕生した。育ての親USXは、二〇〇一年に再びエネルギー部門をマラソン・オイルとして切り離し、本業の鉄鋼部門を百年前のUSスチールに社名を戻す一方、浦項は二〇〇二年三月にポハン・スチール・カンパニーの略称POSCOに社名変更した。

この鉄鋼業界に象徴されるように、二〇〇二年時点の産業労働者を見ると分るが、いまやアメリカで物《モノ》を製造する工業界・産業界で、直接生産に携わる労働者は非常に少ない。失業率の計算対象となるアメリカの労働者を分類すると、製造業に農業を足し合わせて二七〇〇万人、全就労者のうち二〇パーセントにしかならない。国民総数二億八〇〇〇万人に対する比率ではさらに低くなり、一割を切る。どれほどコンピューター社会だと言っても、二〇〇二年一月時点の労働省統計を見て驚くのは、工業機械や備品の製造に携わっている人はほんの一八七万人で、そのうち最先端のコンピューターを含む事務機の分野には三二万人弱しか働いていない。半導体を始め、衣類に至るまでモノの大半を、外国から買い込んでいるからだ。コンピューター業界の社員の大半は、宣伝・発送・販売・修理・トラブル対応などに従事している。かつて

図7　アメリカの労働者分布　アメリカ政府統計 2002年1月

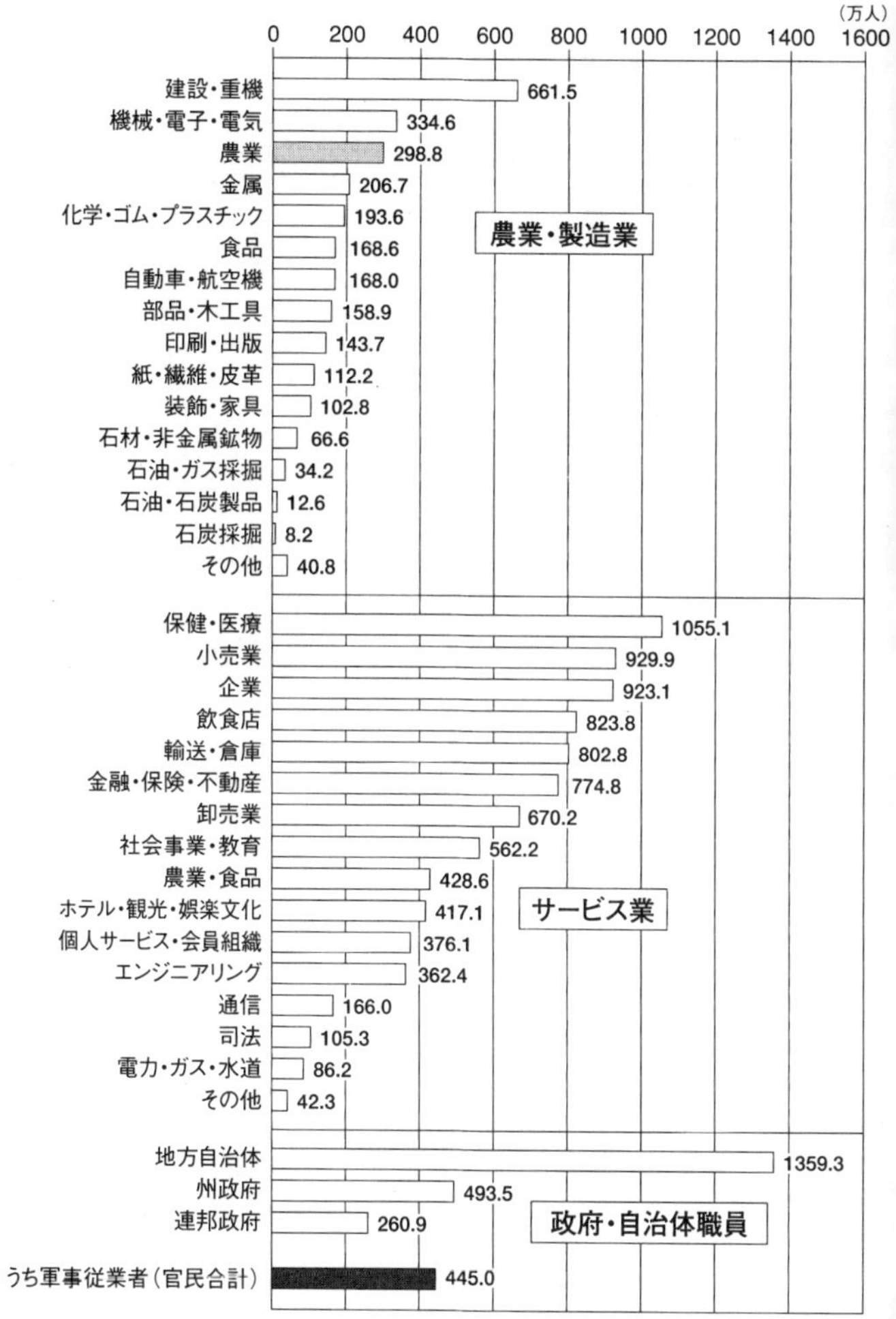

（万人）
0
200
400
600
800
1000
1200
1400
1600
建設・重機 661.5
機械・電子・電気 334.6
農業 298.8
金属 206.7
化学・ゴム・プラスチック 193.6
食品 168.6
自動車・航空機 168.0
部品・木工具 158.9
印刷・出版 143.7
紙・繊維・皮革 112.2
装飾・家具 102.8
石材・非金属鉱物 66.6
石油・ガス採掘 34.2
石油・石炭製品 12.6
石炭採掘 8.2
その他 40.8
農業・製造業
保健・医療 1055.1
小売業 929.9
企業 923.1
飲食店 823.8
輸送・倉庫 802.8
金融・保険・不動産 774.8
卸売業 670.2
社会事業・教育 562.2
農業・食品 428.6
ホテル・観光・娯楽文化 417.1
個人サービス・会員組織 376.1
エンジニアリング 362.4
通信 166.0
司法 105.3
電力・ガス・水道 86.2
その他 42.3
サービス業
地方自治体 1359.3
州政府 493.5
連邦政府 260.9
政府・自治体職員
うち軍事従業者（官民合計） 445.0

はアメリカ人労働者の仕事を奪ったと非難された日本人も、現在はアジアで大量の部品を生産しなければならず、似たような道を歩んでいる。

この現象がすべての産業分野に広がっている。石炭採掘に従事しているのは、たった八万二〇〇〇人である。この人たちが人口二億八〇〇〇万のアメリカで、電力の半分の資源を地中から掘り出している。つまりモノを生産して実生活を支える人はわずかである。残りの人間は、モノをつくらずに、それを宣伝したり運んだり売ったり資金を融通する、いわゆるサービス業に従事し、サービス分野の労働者は八五〇〇万人を数える。サービス業の中には、保健や病院などから、放送メディア、レストラン、ホテル、スポーツ、映画、出版、不動産、銀行、ブローカーなど、あらゆる職業が含まれる。石炭と石油でも、直接生産に携わらない人はサービス業である。アメリカでは、民主党時代に福祉とヘルスケアに大きな重点が置かれたため、病気に関連する保健業務はサービス分野で最大の一〇五五万人に達し、労働者人口では全米最大の産業になっている。しかし人間にとって必要不可欠なこの医療現場は、何も生産しない。

そしてこれらの生産でもサービスでもない、もう一つの労働者グループがある。それは連邦政府、州政府、郡市町村の自治体である。地方自治体職員一三五九万人、州政府四九四万人、連邦政府二六一万人、合わせて二一一四万人がアメリカ人の税金を動かす仕事で生きている。この職員もまた、何も生産しない。共和党の政策は、ワシントンの連邦政府を小さくしようというものだ。日本の霞が関官僚の評判が国民のあいだでひどく悪いように、アメリカでも役人が多すぎるという不満はかなり大きいが、一方でこの行政体職員が大量の票のゆくえを握る有権者でもある。

人間に一番大切なモノは、食べ物である。農業の場合、現在は世界中に穀物や肉類を輸出するアメリカだが、一九一〇年に一三〇〇万人を超え、全人口の一五パーセント近くを占めていた農民は、一九五〇年から減少が一直線に進み、大規模な機械化によってすでに三〇〇万人を切り、全人口のわずか一パーセントになっている。この農業地帯における二〇〇〇年の大統領選挙は、穀物用トウモロコシを生産するコーンベルト地帯の上位州に限って見れば、アイオワ州、イリノイ州、ミネソタ州などを民主党のゴアが制したが、全米の州別にコーン生産量を合計すると、五四パーセント対四六パーセントでわずかに民主党が勝利した程度である。小麦と豆類の生産量では、共和党のブッシュが七八パーセントと六二パーセントで圧勝した。州内の農業地帯を地域別に分析した数値ではないので、これをもって「農民は共和党を選んだ」と断定できないが、農業州を共和党がとったことは確かである。

人間がモノを生産せずに、外国から買い込むだけでよいのだろうか。上り坂の九〇年代の株式投機の世界では、「ダウはもはや株価指標ではない。新興のナスダックを目標にしろ」という言葉が飛び交ったが、経済学的には、それが大きな間違いであることは明白だった。ナスダックに上場されるベンチャー企業には、新しい技術への投資という点で急成長と株価上昇の魅力がある。しかし新興の小企業であればほとんど労働者を雇わない。大人数を雇用せずにもうける企業は、投資家に大きな利益をもたらしても、アメリカ経済全体の指標にはならない。経済とは、社会に落ちこぼれの失業者を出さず、国全体の労働力のもとで運営されて初めて、成功したと言える。多くの労働者を吸収した〝古い産業〟は効率が悪いとウォール街では無視されたが、実際には工場の効率が悪くても、その人たちに賃金を与えて世帯を養ってきたのである。それがアメリカ保守派の世界だった。かつてのモルガン商会は搾取者・支配者であると同時に、職場と給料を分配する総本山だった。大工場には、どこにも優秀な職人がいて、そこから発明家とすぐれた技術者を輩出してきた。そのシンボルだったUSスチールが九一年にダウ工業株三〇リストから落ちてディズニーに取って代られたのは、いま述べたような経過から、アメリカの労働者を大量に養わなくなったので、自ら選んだ宿命である。

二〇〇三年時点のダウ三〇社には、コダック、デュポン、GM、GE、IBM、アルコア、ハネウェル、ボーイング、インターナショナル・ペーパー、エクソンモービル、ユナイテッド・テクノロジーズ、キャタピラ、ジョンソン&ジョンソン、プロクター・ギャンブル、メルク、3Mといった重厚な産業が、その製品の是非はともかく、依然として名前を列している。インターネット～パソコンソフト時代をリードしてきたダウ企業は、ヒューレット・パッカード、マイクロソフト、インテルだけだ。ダウ三〇に入る金融機関はJ・P・モルガン・チェース、シティグループ、アメリカン・エクスプレスの三つだけ、通信専門会社はこの通信全盛時代にAT&TとSBCコミュニケーションズの二つだけである。ここには、一九二九年のウォール街大暴落が起こる前にダウ三〇に入っていたウェスティングハウス、クライスラー、テキサコなどの老舗企業の名前がない。しかしそれに代る製造企業が取り入れられているので、アメリカ経済の指標として適切な選択である。

ブッシュ州とゴア州

石炭などの鉱物や農産物は、州の土地が生み出す産物であり、同じ肉体労働でも、工場労働によって生産される製品とは異なる。そうした州を共和党が制したことは、住民の土地に対する愛着を反映しており、同時に、それが生活の利害も意味する。その住民を外国のわれわれが見て、悪い意味で「愛国的＝軍国主義者」と決めつけるのはよくない。これらの共和党支持地帯は、アメリカのほぼ中央を占める広大な面積で、想像される通り、平均年収が低いのである。

日本でも、東京のような大都会のある都道府県ほど平均年収が高い。農業などの一次産業を守って自然豊かな自治体は、終戦後から出稼ぎに頼らなければ生計をたてられない人が多く、全体的に「貧しい」という住民意識を持たされ、事実、全般的に平均年収もいまだに低く、人口も少ない。そこに、過疎化という嫌な言葉が追い打ちをかけた。そのため、裏金を配ったり箱ものを建設する利権誘導を目的として、有害工場、原発、廃棄物処分場など嫌われものの産業を、地元の自治体首長が誘致する手配師的政治をはびこらせ、国もまた計画的に自治体の自立を妨げてきたのである。国家の経済成長のために犠牲を払わなければならない土地が必要だと、自民党と官僚が推進してきたあくどい政治の結末が、首都圏への人口の一極集中だ。それに比べてアメリカでは、国土の条件も資源量も豊かなので、人口の少ない州の財政は豊かだろうと想像してもおかしくない。ワイオミング州が地中に持つ石炭の価値は、途方もなく巨額であり、そこにわずか五〇万人しか住んでいないなら、これは豊かになるのではないか、と。世界中に穀物を輸出しながら、わずか三〇〇〇万人未満で全農地を耕作し、三億近いアメリカ国民を養っているなら、農民も豊かになるのではないか、と。

　ところが、やはりアメリカでも四人家族の世帯平均年収は、大統領選挙がおこなわれた二〇〇〇年に、民主党の勝利したゴア州で六万六三六二ドル（七九六万円）に対して、共和党の勝利したブッシュ州では五万六〇四二ドル（六七二万円）と大きく差をつけられていた。これはGNPやGDPを人口で割った国家統計上の抽象的数値ではなく、直接個人が得た世帯収入金額（商務省統計）なので、実態に近い。ブッシュ州では、四人家族で割ると一人当たり一六八万円にしかならない。しかも石炭生産量第一位のワイオミング州はそれより低い。ブッシュの地元テキサス州は石油王国なので、しばしばオイルマネーにからむ私利私欲のシンボルのように語られるが、ワイオミング州より収入が低く、全米で下から数えて十一番目の貧困州なのだ。そうした州の貧困者が、都会に対して不満を抱くのは自然である。前章に示した図5（76頁）の産炭量と大統領選挙地図は、石炭だけでなく、産業と人種分布と貧富の差を映し出した図だったのである。この地図をもう一度よく見てみよう。

北東部の富裕な階層は、一六二〇年にメイフラワー号に乗ってアメリカに上陸した子孫たちが昔からの邸宅に住んで、さして働かずにウォール街投機で安穏とした生活を送り、環境を守るための開発反対を主張する余裕がある。四人家族の世帯年収トップテンは、コネティカット州の八万二七〇二ドルを筆頭に、ニュージャージー州、マサチュセッツ州、メリーランド州、ニューハンプシャー州、ミネソタ州、デラウェア州、ミシガン州、ロードアイランド州、イリノイ州と続き、ほとんどが北東部だ。

このうちブッシュがとったのは、第五位のニューハンプシャー州だけで、ここは民主党地盤なのに共和党が勝った番狂わせである。逆に貧乏州ワーストテンは、ニューメキシコ州で民主党ゴアが番狂わせで勝った以外は、すべてブッシュが勝利した。ブッシュは大企業の利権代表者としてメディア批判を受けてきたが、アメリカ住民の立場から見れば、間違いなく貧乏州代表としてホワイトハウスに入った男なのだ。

これを日本に置き換えて考えると分りやすい。田中角栄は新潟で今もって人気が高い。一九七〇年代に表出したロッキード事件で、日本中のメディアと大衆が角栄批判をおこない、罪人扱いしても、新潟県民はますます全国の風潮に反発して角栄に投票した。間違いなく利権誘導によって得た人気だが、原因はそれだけではない。角栄を批判した側が新潟県の農業など一次産業を一顧だにせず、地方の生活を豊かにするという努力を払わない。首都圏ばかりが栄える日本をつくったという反省がないから、地元は角栄の言葉に魅せられたのだ。時は移ってバブル経済崩壊後、自然保護運動の拡大などで地方の住民意識が高くなり、土建の利権がすべてを動かす時代ではなくなった。仕事場さえあれば自然に恵まれた土地での人生は豊かであるはずなのだが、二〇〇三年に至るまで、日本の地方都市では若者の就職難がきわめて深刻である。それとは別の事情でアメリカの州財政も、九月十一日事件後、重大な局面に突入した。

ほぼすべての州で税収が激減した上、メディケアと銘打って進められた医療出費が膨大な額にふくらみ、二〇〇二年末には州財政が第二次世界大戦以来の危機に陥った。医療費が削減され、当然そこに働いていた州の職員は大量にレイオフに追い込まれ、大学などの学費値上げ、個人と企業への増税、これでも間に合わない。全米の州財政の合計収支は、二〇〇〇年には四八八億ドルという黒字のピークにあったが、わずか二年で七〇パーセント減少して一四五億ドルまで落ち込み、これからの出費に対する余裕が三パーセントを切ったからである。これでは、ゼロと言ってもいい。ネオコンに煽動されたブッシュ政権は、イラク先制攻撃論に乗ってペンタゴンと国土安全保障省の創設などによる軍事出費の増額を進めるだけで、ウォール街とSECに対する国際的な信頼崩壊という深刻な事態も認識せず、無為無策を続けた。そのため二〇〇二年四～九月の半年で八〇万件の企業倒産を記録したのである。

保守主義とは、一体何であろうか。

共和党地盤の住民が保守的なのは、本来戦闘を好むからではなく、たびたび述べるように土地に対する愛着からである。変化を望まず、伝統を守るという意味の保守だ。それが古き佳きアメリカなら、愛国的＝保守的という感情を誰でも理解できる。彼らは観光客には来てほしいが、アメリカに続々と入り込んでくる移民には内心で脅威を感じている。自分たちが先住民のインディアンをほぼ絶滅させた移民の子孫だという歴史に目をつぶり、今もって外国から資源を奪うアメリカ人だと認識しない点では無知だが、それはアメリカのメディアが報じないための無知である。すでに獲得した自分の生活権と土地を守りたいという住民感情は、今の世代の人間として自然である。地元のスポーツチームを応援して愉快に一生を送れば、人間はそれで幸せなのだ。

しかしそれが対立や社会問題を引き起こす。アイオワ、ミネソタ、ネブラスカなどの農民は遺伝子組み換え作物に熱中し、旧来の南部保守派の主流である民主党も農民にそれを奨励するのである。またこうした地方では、土地の所有者が十八世紀、十九世紀以来の鉄道利権者であるため、住民は圧倒的に白人の比率が高く、少人数が広大な土地をおさえて、土地から高価な資源と農産物を収奪する構造になっている。当然ながら、土地の所有者になれない黒人と、ヒスパニック系・アジア系の移民労働者はしめ出され、都会に生活の糧《かて》を求めてゆき、工場労働やサービス業で生きてゆく。主に海岸線とメキシコ国境に、そうした労働者が集まり、中心部の広大な共和党地盤を取り囲むように、合衆国を縁取る地方に民主党地盤が形成されてきた。

したたかなアジア系は商店経営などで白人に近い平均年収を得ても、都会は高給取りとスラムが併存する社会である。大都会の中心部、下町に貧困層が集まり、数少ない富裕階層は郊外の豪邸に住む。アメリカの大手企業二〇〇社の経営トップの平均年収は、二〇〇一年には前年に比べて八パーセントも減った。それでも、目の玉の飛び出るような年収一五五二万ドル（二〇億四二〇〇万円）だ。スノーのような企業幹部が法外な年収を得ても、人口の大半は桁違いに低い給与に甘んじるサービス業分野の労働者である。彼らは不況になれば失業とレイオフに追い込まれ、共和党政権の経済政策に大いに不満である。ブッシュ政権の経済・財務担当者は、選挙費用を出した金持集団の言葉にしか耳を傾けない。それは保守州の中でも、利権代表者たちである。

ニューヨーク、シカゴ、フィラデルフィア、デトロイト、ロサンジェルスは世界的に知名度があり、大量の労働者を抱える大都会である。国際問題に無関心な〝田舎者〟ではなく、彼らの多くは中流家庭以上のインテリでもあり、世界貿易センタービル崩壊事件の原因がアメリカ自身にあることには内心で気づいている。イラクを攻撃すべき正当な理由がないことも知っていた。この大不況時代にイラク攻撃に使う金がどこにあるかという怒りが噴出し、いずれも市議会がブッシュのイラク攻撃に反対決議を採択した。テキサス州ヒューストンで反対決議が出されれば、ホワイトハウスはかなり動揺しただろうが、先の五大都市は、いずれもゴア民主党が勝利した州なので、ブッシュ政権は反対決議に鼻もひっかけなかった。攻撃支持率が全米平均で七二パーセントに達した中で、貧困率が白人の三倍にも達する黒人は、実に二九パーセントしか攻撃を支持しなかった。その背景に見えるのは、まぎれもなく産業構造がつくりだした家計収入の違いから出てくる感情の食い違いである。

アメリカの政治家は、かつてのように深い考えから理想を語る人間がいなくなり、このまま対症療法で暴言を吐き続ける人間だけが支配する時代に突入したのだろうか。しかしアメリカは、経済と自由の魅力にとりつかれて集まった多民族国家である。彼ら国民は、経済が破綻すれば大統領を取り替える必要に迫られ、新たな決断に踏み切ることに関しては知恵も行動力も持っている。ホワイトハウスの質が悪いだけに、それが加速されるという期待がある。問題は、それを妨害する人間たちの資金力にある。

ワイオミングの石炭とテキサスの石油をつなぐコネクション

すでに述べた通り、アメリカの電力は石油に頼っていない。インターネット時代に電気の半分以上を供給している発電所は石炭火力であり、そのうちワイオミング州の良質の石炭が最も多く利用されている。ワイオミング州育ちのブッシュ政権要人はチェニー副大統領だが、石炭を運んできたのはユニオン・パシフィック鉄道だった。父ブッシュが大統領だった一九九〇年代にユニオン・パシフィック会長となったエルブリッジ・ゲリーJrは、実に十九世紀初頭のマディソン政権の副大統領エルブリッジ・ゲリーから数えて六代目の直系子孫で、同時にユニオン・パシフィック支配者アヴェレル・ハリマンの甥の息子にあたる。このような人間関係は、実際に何を意味していたのか。

六代目ゲリーの叔父エドワード・ゲリーは、スタンダード石油ニュージャージー（現在世界一の石油会社エクソンモービル）社長ウィリアム・ファリッシュの娘と結婚してテキサス石油閥の一族となった。ファリッシュ社長の孫である同名三世は、テキサス州ヒューストンで石油探査会社の社長となり、父ブッシュ大統領の経営するザパタ石油の重役をつとめ、ヒューストン天然ガス社の重役にもなった。一九八五年にこの会社がパイプライン操業会社と合併し、エンロンと社名を変更したのだ。ブッシュ大統領とエンロンの癒着が指摘されたが、癒着と呼ぶのは適切ではなく、父ブッシュのスタンダード石油・ザパタ石油系列会社として誕生したのがエンロンだったのである。

ファリッシュ三世を重役に据えたエンロンは、またたくまに全米第七位の巨大エネルギー企業にのし上がった。ファリッシュ三世は、大物だった祖父が設立したファリッシュ家の資産管理会社を運営し、ブッシュ一族の私財も管理して共和党大統領選挙資金の胴元となってきた。そして二代目ブッシュがかろうじて大統領に就任すると、二〇〇一年七月にファリッシュ三世がイギリス大使として任命され、ロンドンに赴任してブレア首相と親交した。ところがファリッシュが赴任直後に世界貿易センタービルが破壊され、それと時を同じくしてウォール街の詐欺師集団にはめられた形でエンロンが経営危機に陥り、二〇〇一年十二月に倒産した。大統領ポストにある息子ブッシュが父の分身であるファミリー企業を救済しなかったのは、九月十一日事件後のアフガン攻撃に熱中していたための、取り返しのつかない大失態だった。

以上のようにワイオミングとテキサスを鉄道でつなぐ閨閥によって、石炭資本と石油資本は一体となっている。では石炭企業そのものは、誰が握っているか。

アメリカで石炭を生産する会社は、トップ一〇社が産炭量の七割近くを占め、かなり寡占率の高い産業である。二〇〇一年の第一位は、生産量一七パーセントを占める従業員六五〇〇人のピーボディー・エネルギーで、世界最大の石炭会社でもある。一八八三年に同社の前身ピーボディー・コール（石炭）を創業したフランシス・ピーボディーは、アメリカ金融界の草分けジョージ・ピーボディー一族で、現在スイスのUBS傘下にある投資銀行キダー・ピーボディーの創業一族でもある。ジョージ・ピーボディーはイギリスとアメリカを股にかけて国際金融活動を展開した伝説的人物で、ピーボディー商会を継承したジュニアス・スペンサー・モルガン（J・P・モルガンの父）がロスチャイルド財閥と組んで今日のモルガン・グレンフェルを誕生させた歴史を持つ。

この由緒ある会社は、一九八四年にユニオン・パシフィック鉄道が石炭輸送路線を接続したワイオミング州東部の巨大石炭埋蔵地パウダー・リヴァー炭田で、年間一億トンの石炭を産出し、これだけで全米生産量の一割を占める。当時のワイオミング州下院議員がチェニーだったが、八九年には、ロスチャイルド財閥と一体になった全米最大の産金会社ニューモント・マイニングがピーボディー・コール株を買い占め、これがイギリス資本やテキサス電力を巻き込む国際的な買収合戦に発展した。結果を述べると、九八年にロスチャイルド財閥のリーマン・ブラザースがピーボディーを買収し、二〇〇一年にピーボディー・エネルギーと社名変更した。

興味深いのは、リーマンがその前年から軍需産業ロッキード・マーティンと通信部門で共同事業に入り、ロッキードの重役室に副大統領夫人リン・アン・チェニーが坐っていたことだ。息子ブッシュ政権の人事部長チェニーは、石炭利権者であると同時にロスチャイルドの人脈でも

である。

産炭量で第二位はアーチ・コールで、一九九七年にアシュランド・コールとアーチ・ミネラルが合併した会社である。アシュランドは、映画『ジャイアンツ』のモデルとなったテキサスの石油王ハント・ブラザース傘下の企業だが、その利権に、レーガン政権の国防長官フランク・カールッチが食い込んでいる。イラン・イラク戦争でサダム・フセインを支援し、イラクの毒ガス兵器使用を黙認したカールッチは、長官退任後に投資銀行カーライル・グループの会長となり、ジェームズ・ベーカーを最高顧問として、サウジのビンラディン・グループとも提携して大物投資バンカーとしてのし上がってきた。そしてアシュランド・コールの最大株主である石油会社アシュランド重役としてエネルギー支配に進出したのである。彼がこの利権を得たのは、一九八〇年にカーター政権のCIA副長官としてイラン大使館のアメリカ職員人質救出に失敗した当時、彼を指揮した国防副長官グラハム・クレーターが大物だったからである。

クレーターはロスチャイルド系の大手法律事務所から出発して、ヴァージニア州にある全米最大の海軍基地ノーフォークを支配するサザン鉄道の会長にのぼりつめ、カーター政権の海軍長官と国防副長官を歴任後に、一九八二〜九三年の十一年間アムトラック総裁として鉄道界に君臨した。そして彼と共にサザン鉄道グループを支配した弟ロバート・クレーターが、アシュランドの石炭を動かしていたのである。

石炭第三位のケネコット・エネルギーは、アメリカ最大の産銅会社ケネコットのグループ企業である。創業者グッゲンハイム財閥の手から、一九八一年にはイギリスの石油会社BP（ブリティッシュ・ペトロリアム）に買収され、九三年にはリオ・チント・ジンクに買収されて再びロスチャイルド財閥の手に戻っている。

このアメリカ石炭企業で興味を惹くのは、第四位のコンソール・エネルギーと、第五位のRAGアメリカン・コールが、いずれもドイツ企業に買収されていることである。コンソールは先年までドイツ最大だった電力会社RWE（ラインヴェストファーレン電力）の子会社であり、RAGは同社と覇を競ってトップに立った電力会社エーオン（旧フェーバ）の姉妹会社で、かつてルールコールとしてドイツの工業地帯ルール地方に君臨した。現在のドイツもアメリカと同じく発電量の五二パーセントを石炭火力によってまかなっている。その貴重な石炭資源の世界で、イラク攻撃をめぐる国連の宿敵アメリカとビジネス仲間だったことになる。したがって、国連を舞台にしたヨーロッパとアメリカの激しい対決は、両者とも利害を第一に考えれば不都合きわまりない行動であり、それが国家首脳の激突として公然と展開されたのは、利権と無関係の軍事論争だったことの証左である。日本の政治家のように、アメリカの軍事同盟国だからという理由でブッシュに尻尾を振り、イラク攻撃を支持した外交ほど貧相なものはない。

第三章　保守派のマーチャント・バンカー

メリル・リンチとブッシュ・ファミリー

前章まで、不可思議な組織が全米を横断し、蜘蛛の巣のように縄張りを張りめぐらしている世界を見てきた。インターネットのウェブ（蜘蛛の巣）ではない。アメリカでは完全にすたれたとみなされる鉄道・鉄鋼の資本が、石炭や電力・石油資本に姿を変え、財閥と一体になって動いているのだ。しかし実際にわれわれが見聞きするウォール街で、鉄道が話題になることはほとんどない。アムトラックの経営破綻という悲惨なニュースがあるばかりだ。鉄道路線の上を走ってきた保守的人脈と共和党は、ウォール街の証券会社や投資銀行、マーチャント・バンカーと具体的にどのように関わり、財閥はどのように資金を政界に貢いでいるのか。現在その華やかな世界で、彼らが何を画策しているのかを見てゆこう。

まず第一に、アメリカ証券ビジネスの巨象は、世界最大の証券会社メリル・リンチである。一九一五年にチャールズ・メリルとエドマンド・リンチが同社を設立したのだ。しかし前年に第一次世界大戦が始まったこの年、ウォール街は二代目金融王のJ・P・モルガンJrに握られていた。メリル・リンチはその巨大なモルガン金融帝国の足元で、細々と証券投資に踏み出したにすぎなかった。そのような小物が証券界で成功できるはずはない。

ところが成功物語には必ず地下道があるものだ。創業者メリルは、創業の三年前にペンシルヴァニア鉄道の副社長サミュエル・チャーチの娘と結婚していた。ウォール街に通じる地下トンネルを完成したアレグザンダー・キャサット社長のもとで経営に参加し、この鉄道の長大な歴史を編纂したサミュエル・チャーチは、鉄鋼王カーネギーがJ・P・モルガンから受け取った大金のうち、一〇〇〇万ドルを投じて一九〇二年に設立したカーネギー研究所で、三十年間も所長をつとめた。ペンシルヴァニアの大物だったのである。

この義父を後ろ楯として、チャールズ・メリルが失敗するはずはない。今日、食品チェーンの大手として知られるセーフウェイ・ストアの設立に力を注ぎ、チェーンストア融資を狙った投資が当たって、十年たたずに頭角を現わした。さらに一九三〇年にメリルは、エドワード・ピアースの経営するピアース商会に小売業務部門を売却して、投資銀行に専念することにした。さてその十年後、事業が軌道に乗ったメリル・リンチは、ピアース商会とキャサット商会を合併して、メリル・リンチ・ピアース・キャサットと改名したのである。このキャサット商会とは、ほかならぬペンシルヴァニア鉄道の名社長アレグザンダー・キャサットの息子ロバートが経営する投資銀行だった。前章にアレグザンダーの物語を述べたが、くわしく書くと、彼の孫娘ドリスの義父ジョゼフ・ウェアが、メリル・リンチ・ピアース・キャサットの重役となり、同時にアヴェレル・ハリマンの経営するW・A・ハリマンの重役でもあった。なぜなら、ジョゼフの姉ルクレチアの夫がW・A・ハリマン社長ジョージ・ハーバート・ウォーカーだったからである。この大資本を受け継ぐウォーカーの直系子孫がジョージ・W・ブッシュだったことが、現代人を不幸な時代に連れ込んだのである。

この寝室物語を要約すると、メリル・リンチが大手投資銀行として第一歩を踏み出せた理由が二つある。第一は、ペンシルヴァニア鉄道のキャサット商会の資本が入ったからである。第二は、ユニオン・パシフィック鉄道のハリマン社の資本が入ったからである。全米最大の鉄道二つを携えて、ウォール街で台頭できないはずはない。しかも彼ら一団は閨閥を形成していた。メリル・リンチは、意外にもブッシュ一族の先祖の功によってウォール街で覇を制した世界最大の投資銀行だったのである。メリル・リンチが共和党の資金源となるのは当然である。鉄道重役の息子ドナルド・リーガンがメリル・リンチ会長からレーガン政権の財務長官となったあと、メリル・リンチはブッシュを大統領に押し上げた。誤解のないように断っておくが、ブッシュ家がメリル・リンチを育てたのではなく、父ブッシュ大統領の母方の祖父ウォーカーが大物で、ブッシュ家はその遺産に食いついた一族にすぎない。

九五年にはロスチャイルド財閥の総本山であるロンドンの名門証券会社スミス・ニューコートをメリル・リンチが買収した。フランス家の当主ギイ・ロスチャイルドとイギリス家の当主イヴリン・ロスチャイルドが共同社長だったニューコート・セキュリティーズ（証券）と共同事業を営むのだから、これ以上に強力な証券会社はない。メリル・リンチは単に世界最大となったのではなく、ヨーロッパ上流社会の人脈をそっくり味方につけたのである。これが貧困者を切り捨てる経済中心のグローバリズムが猛進する力となった。彼らは慈善事業で名をあげることには熱心だが、ホームレスを見ても何も感じない人種だった。

言い換えれば、クリントン政権〜ブッシュ政権は、中東政策に関してユダヤ系最大財閥の言葉に縛られ、ウォール街から人事の圧力を受けるシステムに完全に組み込まれた。これと並行して、ロスチャイルド男爵の近親者セインズベリー家の資金をもって、イギリスにトニー・ブレア政権が誕生したのはそれから二年後の九七年のことだった。ブレアは労働党の羊の皮をかぶった事実上の〝保守党の狼〟とささやかれ、マーガレット・サッチャーの後継者を自任して財界中心主義を貫き、保守党はまったく旗色が悪くなった。アメリカとイギリスを結ぶ政治的パイプは、これまでの石油・軍事連合に加えて、一層太く強い金融連合を形成した。

第二に、メリル・リンチと双璧を成す保守本流の証券投資会社は、世界貿易センタービル崩壊で最大の被害を受けたモルガン・スタンレー・ディーン・ウィッターである。ウォール街暗黒の木曜日（一九二九年）の大暴落のあと、銀行倒産が続発して大恐慌に襲われたアメリカで、証券投資に関係しない人まで銀行預金を失ったため、銀行と証券会社を分離するグラス・スティーガル法が施行され、J・P・モルガン（モルガン商会）がモルガン・スタンレーを証券会社として分離独立させたのが一九三五年であった。さらに半世紀以上あと、九七年に同社が投資銀行ディーン・ウィッターと合併して、世界最大級の総合金融会社となったのだ。

ここで、あまり有名ではないディーン・ウィッターをよく見ておく必要がある。その創業はメリル・リンチ創業の前年で、初めはチャールズ・ブライスとディーン・ウィッターが組んで設立したブライス・ウィッター商会に起点を持つ。二人は一九二四年に袂を分かち、ブライス商会は、ロックフェラー一族スティルマン家が支配するニューヨーク・ナショナル・シティー銀行頭取という大物銀行家チャールズ・ミッチェルをトップに迎えて成長を続けるが、ミッチェルはシカゴの石炭業者の娘婿であり、自分の娘を航空王フレデリック・レントシュラーの甥に嫁がせていた。レントシュラーは現代のボーイングとユナイテッド・テクノロジーズとプラット&ホイットニーという三大軍事航空会社を生み育てた男である。

かくてブライス商会が動かす大きな軍事勢力は、ロスチャイルド財閥の名門投資銀行セリグマン商会の流れを汲むイーストマン・ディロン・ユニオン・セキュリティーズと一九七二年に合併して、ブライス・イーストマン・ディロンとなった。そのユニオン・セキュリティーズから出発してロスチャイルド財閥のソロモン・ブラザース幹部となったウィリアム・サイモンがニクソン政権の財務長官に就任し、のちブライス・イーストマン・ディロンに復帰するのだ。ところが、サイモンと共にブライス・イーストマン・ディロン幹部に就任したのが、スコット・ピアースだった。スコットの姉バーバラはジョージ・ハーバート・ウォーカー・ブッシュという男と結婚し、この時期にブッシュがCIA幹部から長官に出世していった。ちょうど第一次オイルショックの時代で、原油価格が暴騰して苦境に立たされたサイモンは、中東に流れ込むオイルマネーを取り戻すため、サウジやイランを始めとする中東イスラム諸国に大量の武器・兵器を売り込むことによってドルを還流させる政策を打ち出し、現在まで中東に絶えない紛争の火種をまき続けた。彼と組んだのが、同じニクソン政権の国防長官メルヴィン・レアードだ。政権発足時からペンタゴンを挑発し、ベトナム戦争の泥沼から手を引くことに抵抗し続けたレアードは、祖母の名をフルダ・ウィッターといった。投資銀行創業者ディーン・ウィッターの叔母である。さらに航空王フレデリックの兄ゴードン・レントシュラーの妻の連れ子が、ディーン・ウィッター創業者の息子と結婚していたのである。

おそるべき構造と言ってもよい。ブライス・ウィッター集団の一人が戦闘機とエンジンと兵器を生産し、一人がホワイトハウスの全予算を握り、一人が全軍を指揮し、一人がCIA長官となり、一族が二つの投資銀行を動かし、なおまたそこにイスラエルを支援するロスチャイルド財閥が入り込んでいた。

物語はこれからだ。ブライス・イーストマン・ディロンは八〇年にボストン財閥ペイン・ウェバー・ジャクソン・カーティスに買収され、そのペイン・ウェバーが二〇〇〇年にスイスのUBSに買収されたが、二〇〇三年現在のUBS傘下にある投資銀行は、この二社だけではない。ロスチャイルド財閥のS・G・ウォーバーグとディロン・リードのほか、ウェルド・グリューとキダー・ピーボディーも傘下にあり、この大勢の証券エキスパートが一堂に会して仕事をしている。彼らと血族関係にあるボストン一族の中で〝富豪の政治代理人〟と呼ばれたのが、一九六〇年の大統領選挙でニクソンと組んで共和党の副大統領候補となったヘンリー・キャボット・ロッジJrである。このコンビは一般投票の得票でケネディー〜ジョンソン組三四二二万票に対し、三四一〇万票という一二万票の僅差で敗れたが、大統領に就任したケネディーは、同じボストン仲間の政敵ロッジを敵に回さず、南ベトナム大使として抜擢し、ロッジのベトナム戦略にはまって民主党自ら墓穴を掘るのである。

キダー・ピーボディーは石炭支配の項に述べた通り、一族が世界最大の石炭会社を生み出したが、ヘンリー・キャボット・ロッジの一族がピーボディー家であり、モルガン家でもあった。

こうした事実を敢えて縷々述べるのは、アメリカ人が〝ならず者国家〟や〝悪の枢軸〟という言葉をもてあそび、兵器をとって攻撃を仕掛ける口実に、独裁者の一族支配をあげるからだ。アメリカのメディアは他国を非難する前に、自分の国の閨閥と金融による一族支配の腐敗堕落を見るがよい。太古の野蛮国家そのままだ。大統領や閣僚、取り巻きの言葉を論評しながら語られてきたこれまでのアメリカ政治論は、あまりに史実とかけ離れ、平穏な生活を戦場に変えられ、家族を失った人たちへの冒瀆である。

軍需財閥、ボーイングとロッキード・マーティン

ここまでの物語が、現在何を意味するか、それが問題だ。ニクソン政権の国防長官レアードは、大量破壊兵器のシンボルである生物化学兵器（BC兵器）開発企業サイエンス・アプリケーションズ社の幹部となり、同社は二〇〇〇年のペンタゴン受注額で全米一〇位にのし上がった。屈強な軍人たちから全米一のテロ対策エキスパートとおそれられ、ウサマ・ビンラディンやアル・カーイダを血眼になって追跡してきた陸軍大将ウェイン・ダウニングを、レアードは同社にリクルートし、二〇〇一年十月七日のアフガン攻撃開始の日には、ダウニングがブッシュ政権に送り込まれ、国家安全保障会議テロリズム対策副部長の大任を命ぜられたのである。二〇〇三年四月にイラクを軍事制圧した直後の米軍が、外国に亡命していたイラク人から成る評判の悪い「イラク解放軍」を送り込んで勝手な統治を始めたが、クリントン政権時代の九八年にイラク解放法という内政干渉を認める法律をつくらせたのがダウニングであり、一億ドルの予算を組ませてこのいかがわしいイラク解放軍を養成してきたのだ。

イラク攻撃とは、誰によって仕組まれたのか。勿論これは一人の作戦ではない。

しかし二〇〇一年のアフガン攻撃と二〇〇三年のイラク侵攻、それは、世界貿易センタービル崩壊事件で最大の被害を受けたモルガン・スタンレー・ディーン・ウィッターのウィッター一族レアードにとって、復讐でなくて何であろう。レアードもまた、フォード大統領と同じネブラスカ州オマハの生まれで、大量の枕木を供給する材木業と土地を支配する不動産業を営み、木材を輸送する鉄道と互いに助け合う一族の出である。

しかも彼の一族レントシュラーが育てたボーイングは、北西部ワシントン州シアトルに本社を置き、軍需産業代理人として地元の議員を議会に送り込んでいた。スタンフォード大学出の弁護士ヘンリー・ジャクソンである。大戦中の四一年から民主党の下院議員となったジャクソンが、五三年から〝ボーイングの上院議員〟と呼ばれる議会権力者となってソ連との対決を主張し続け、ついには六〇年の大統領選で民主党全国委員長となってケネディーを当選させ、後年のネオコン領袖《りょうしゅう》リチャード・パールを部下のスタッフに抱えて軍事利権を受け継がせた。

九七年に世界一の軍需産業マクドネル・ダグラスを買収してさらに軍事的色彩を強めたボー

イングは、イラク攻撃の受注でロッキード・マーティンを追撃していた。二〇〇三年四月中旬にはホワイトハウスが「イラク全土を制圧した」と声明を出し、そのブッシュがまず最初に訪れたのが、ボーイングのセントルイス主力工場、つまり旧マクドネル・ダグラス工場だった。ブッシュは離ればなれに行動してきたチェニー副大統領と珍しく人前で握手してみせたが、一〇〇〇人のボーイング労働者という内輪でしか演説できない大統領だった。

ここで誰もが想像する軍需景気も、一時的に製造ラインを動かすバブルにすぎない。東西冷戦の消滅後にアメリカは勇んで湾岸戦争に走ったが、すべての軍需企業が壊滅的な経営危機に陥り、製造ラインを動かした分だけ余計に大量レイオフを余儀なくされた。主力がわずか四グループに統合される業界大編成でかろうじて危機を乗り越えたのである。『アメリカの巨大軍需産業』（集英社新書）にくわしく述べた通りだ。しかも軍需産業化したボーイングは、九月十一日事件後の航空会社の経営危機に直撃され、民間航空機の受注が激減した。一時は七〇ドル近かった株価が、アフガン攻撃後も二〇ドル台の地獄にあった。巨額の未来戦闘機をペンタゴンから受注したロッキード・マーティンでさえ、その半年で株価は再び急坂を転げ落ちた。米軍は普段から大量の兵器を備え持っているので、一時の戦闘で軍需産業が絶好調を続けるということはない。軍需産業に必要なのは、絶えず発注を受ける〝緊張状態〟なのである。

それどころか国家財政は、イラク軍事制圧までに要した侵攻費二〇〇億ドルの上、九月末まで一二〇億ドルをペンタゴンが計上し、さらに最低限の戦後復興費用二五〇億ドルをひねり出さなければならなかった。これだけで総計五七〇億ドル、ほぼ七兆円の出費だが、七月にはイラク駐留経費の倍増に苦悩する始末。イラク復興事業に対するベクテルやハリバートンの利権争いが報じられたが、サウジなど中東湾岸諸国を熟知した彼らは、事業をアラブ人の下請け業者に発注しなければ仕事が成功しないことを学んできたプロである。アメリカが管理する当面のイラク石油収入は、アラブ人たちの仕事にも分配されるのである。意外ではあるが、アメリカの石油メジャーは、中東ではイギリスによる植民地支配時代よりはるかに現地主体の民主的事業を進めて好かれてきた。アメリカが嫌われるようになったのは、七〇年代から露骨になったイスラエルを支援する軍事政策のためである。

さて、ボーイングに対する一方の雄ロッキードも、九〇年代にゼネラル・ダイナミックスのドル箱戦闘機F16部門とステルス戦闘機F22の戦略用軍用機製造部門を買収し、マーティン・マリエッタと合併してボーイングを引き離し、世界一の軍需産業ロッキード・マーティンとしてトップに躍り出た。しかし一九五〇年代後半から六〇年代にかけて長期間ロッキード会長として君臨したのは、ロバート・グロスとコートランド・グロスの兄弟である。彼らがその時代にペンタゴンと深い絆を結び、強大な支配力を握ったのだが、この物語にも誰か後ろ楯がいなければならないはずだ。弟コートランドの妻アレクサンドラの母はロバート・キャサットの義理の妹で、またしてもキャサットの一族なのだ。ロバートはペンシルヴァニア鉄道社長の息子であり、証券会社メリル・リンチを強大にした銀行家である。

さらにそこに、もう一つ大きなペンシルヴァニア財閥が入っていた。アレクサンドラの祖母はサラ・ドレクセルといい、J・P・モルガンと組んでドレクセル・モルガン商会を創業したフィラデルフィアの金融王アンソニー・ドレクセルの娘であった。モルガン商会——現在のJ・P・モルガン・チェースの生みの親である。言い換えれば、キャサット家がペンシルヴァニア鉄道を大きく育てた裏には、巨大なモルガン商会の資金があり、メリル・リンチもまたモルガン商会を後ろ楯にしていた。この閨閥が、アメリカ共和党の根底を成す現代のロッキード・マーティンとボーイングの軍需財閥だったのである。

そこにロッキードの強力な支援を受けた民主党の大物議員サム・ナンやリチャード・ゲパートのような軍需産業代理人が合流するので、民主党政権が軍事政策に反対するということはない。民主党のリベラル派とは、人々が想像する反戦平和運動とまったく異質のものである。イラク侵攻前に元大統領ジミー・カーターがノーベル平和賞を受賞し、ブッシュのイラク攻撃論に異を唱えたと報じられたが、彼と共に各国を飛び回って人権外交を展開してきたロザリン夫人は、全米で最大の発行部数を誇る日刊紙〝USAトゥデー〟を発刊するガネット社の重役をつとめてきた。この新聞は〝ウォールストリート・ジャーナル〟、〝ニューヨーク・タイムズ〟、

〝ロサンジェルス・タイムズ〟、〝ワシントン・ポスト〟よりはるかに発行部数が多い。イラク攻撃中に会長・最高経営責任者としてガネットを支配していたダグラス・マッコーキンデールは、このときブッシュ政権から巨大軍事予算をもらって悦に入るロッキード・マーティン重役であり、ガネットで彼の部下として重役をつとめていたのが、クリントン政権の保健福祉長官を退任後のドナ・シャレイラなのだ。

共和党であれ民主党であれ、政権党は常に軍隊を指揮する立場に身を置き、国防総省の戦略に耳を傾け、世論の支持を計算する。だが、世論を操作するのも、軍需産業が握るメディアなのである。こうした構造を打ち破れるのは個人のジャーナリズム魂だが、イラク攻撃前にアメリカ人記者が取材電話をかけてきた時、「今はまともな記事を書いてもボツにされる」とつぶやいていた。〝ロサンジェルス・タイムズ〟や〝シカゴ・トリビューン〟という大手新聞を発刊するトリビューン社の重役がラムズフェルドであった。軍産複合体という言葉があり、あたかも軍隊と軍需産業が手を組むかのように聞こえるが、ウォール街を動かす軍事投機集団は、予算に群がる利権者ではなく、自らが軍需産業本体で、ペンタゴンそのものである。その一族の端くれからブッシュという男が生まれたのだ。息子ブッシュ大統領については石油利権が語られるが、石油ビジネスの敗残者が大統領になれたのは、曾祖父の時代に開花した鉄道と証券投資と軍需産業が藪の中に産み落とした〝運命の神の手違い〟である。

フランス外相ド・ヴィルパンと投資銀行

二〇〇二年から二〇〇三年にかけて、国連安全保障理事会を舞台に、イラク先制攻撃必要論を煽り立てるアメリカとイギリスの外交官に対して、圧倒的な世界世論は嫌悪感をもよおした。ところがそこに、彼らの嘘を見事なまでに論破する貴公子が登場し、世界各国から拍手喝采を浴びた。容姿端麗、俳優にしたいほどの好男子が、虚飾のない流暢な弁舌で、戦争への強硬な反対論を語ったからである。

どこの先進国も貧困の限りをつくしてきた政界だが、久しぶりに政治家・外交官と呼べる男がフランスから世界に飛翔した。その名は、日本のメディアでドビルパンと書かれてきたが、正しくは、ドミニク・ギャルーゾ・ド・ヴィルパンだった。もし彼がいなければ、世界は救いのないものになっていただろう。「ヨーロッパ大陸はアメリカの奴隷ではない」という態度を示し、イスラム中東諸国の怒りを抑えてヨーロッパ社会を冷静に導いたという点で、その功績は測り知れない。すでに述べたように、イラク制裁を解除する決議案が国連安全保障理事会で採択され、メディアは一様にアメリカ・イギリスがイラク支配の主導権を執ったというひがみに近い論調でこれを報じたが、その報道の視点は利権論だけにあり、イラク人の生活を回復するという最も大切な視点を欠いた曇ったものだ。イラク民衆の立場から見れば、横暴な軍事殺戮国家アメリカがイラクを占領して混乱状態にある中、最も重要な生活問題を急いで解決するため、すべての国際商道徳を決議に盛り込んでアメリカによる石油収入の自由裁量を封じ込めたフランス、ドイツ、ロシアの外交は、実に見事なものである。石油収入がすべてイラク復興にまわされれば、ネオコンの嫌がらせは成功しないのである。ネオコンさえいなければ、アメリカとイギリスがイラクを去り、ヨーロッパ諸国がイラク復興を進められるのだ。

ジャック・シラク大統領のもと、二〇〇二年五月に発足したジャン＝ピエール・ラファラン内閣の外相に就任したド・ヴィルパンは、シラク大統領の懐刀と評されたが、実際の彼はそれ以上の存在だった。ギャルーゾ・ド・ヴィルパンを姓とする男爵家は、彼の祖父フランソワが銀行重役をつとめ、父グザヴィエがフランス工業界をリードするサン・ゴバン会長という要職にあった。サン・ゴバンは、建設・建材・金属・化学へと広範囲な事業を展開し、自動車ガラスでは世界三大メーカーに数えられ、ヨーロッパ最大のアルミ産業・核兵器産業ペシネーとも提携してペシネー・サン・ゴバンを設立し、社長アラン・ゴメスが電機業界の雄トムソン・グループ会長をつとめた。前述のようにアメリカ人が見るテレビを支配するトムソンの副会長に、外相一族フランソワ・ド・ヴィルパンが就任したのは、同じ資本関係だったからである。

こうしたビジネス界の事情は、フランスが強硬にアメリカの軍事政策に反対した行動が、利権と無縁だったことを証明している。ド・ヴィルパン家は実業上、アメリカとの敵対をまったく望まなかったからである。その物語は一世紀以上前、一八九二年に遡る。

その年、ドイツ移民の子ジュールス・ベーチェがニューヨークに投資銀行ベーチェ商会を設立した。彼の妻はロスチャイルド財閥のバンカーであるソロモン・ブラザースやセリグマン家につながるファミリーだった。後を継いだ甥のフランク・ベーチェとハロルド・ベーチェは、棉花、砂糖、コーヒー、ココア、ゴムなどの取引きで事業を拡大し、シカゴとニューヨークの商品取引所の大物となり、ジャパン・ファンドやジャパン・ソサエティーで日本の実業家と親交する国際実業家だった。

彼らに十年ほど遅れてニューヨークに開業したのが、ホルシー・スチュアート商会で、こちらはエジソンの電力帝国に投資して急速に成長を遂げた。第二章に登場したトマス・ドラン（ブラウン・ブラザース一族）のフィラデルフィア電力トラストで、この組織がブッシュ政権まで直結するので経過を説明しておこう。ドランの秘密電力トラストは、フィラデルフィア・エジソンを統合してフィラデルフィア電力となったが、彼の死後、さらにワシントン、メリーランド、ニュージャージーへと東部の電力網を拡大し、戦後は一九五三年にアイゼンハワー大統領が〝原子力の平和利用〟を宣言、五八年から同社が原子力発電に進出した。しかし七九年、彼らの本拠地ペンシルヴァニア州スリーマイル島原発で東部を廃墟にする寸前まで炉心溶融《メルトダウン》が進む史上最悪の事故が発生すると、原子力規制委員会が厳しい規制を打ち出して電力会社は窮地に立たされた。

フィラデルフィア電力は九〇年代にも電力の六〇パーセントを原子力に依存していたが、かつてホルシー・スチュアート商会が育てたコモンウェルス・エジソンと九九年に大型合併をなし遂げ、エクセロンと社名を変えた。エクセロンは新型原子炉の開発によって原子力産業の危機を乗り切ろうとクリントン政権を説得し、ルービン財務長官の出身母体であるゴールドマン・サックスの資本を後ろ楯とする電力販売会社コンステレーション・エネルギーと組んで実用化を画策した。そこに、クリントン政権に代るブッシュ政権が登場してきた。しかしコンステレーションの会長はクリスチャン・ポインデクスターで、彼の兄がレーガン政権時代にイランに武器を密輸した大統領補佐官ジョン・ポインデクスターである。このコネクションによって、ブッシュ政権が発足早々、原子力産業の復活を宣言してみせたのである。九月十一日事件後、ジョンはブッシュ政権の情報警戒局（Information Awareness Office）の初代局長に任命されて、テロリスト・ネットワークの情報管理を任されて今日に至っている。

このような歴史をぬって、ホルシー・スチュアートは電力債で発展し、第二次大戦前までモルガン・スタンレーやファースト・ボストンと並ぶ業界トップを競った。二〇〇一年のカリフォルニア電力危機で倒産した巨大電力会社パシフィック・ガス&エレクトリックの会長だったのが、その創業者ウェットモア・ホルシーである。

一方のベーチェ商会はすでに七〇年代までにメリル・リンチと覇を競う大手証券会社となり、アメリカにとどまらずヨーロッパに広大なビジネスを展開した。フランス人社長ロジェ・ルゲイのもとで、ベーチェの名は国際的となった。そのベーチェが、凋落するホルシー・スチュアートを買収したのは七四年である。それから十年後、ロジェの娘マリー＝ロール・ルゲイは、ドミニク・ド・ヴィルパンという男と結婚した。彼はフランス大統領府で頭角を現わしてゆき、陰の支配者とまで言われるようになった。フランス経済をになうベーチェ、トムソン、サン・ゴバン、ペシネーを一族が動かし、ついに彼は二〇〇二年に外相ポストに就いた。一家はフランス上流社会に広大な閨閥を広げ、シラク大統領一族でドゴール大統領の右腕だったクールセル家やロスチャイルド家までいるという世界だ。

では、ベーチェはどうなったか。アメリカの巨大保険会社プルーデンシャル保険がベーチェを買収し、傘下に入ってプルーデンシャル・ベーチェ証券となった。しかも国連安全保障理事会でアメリカ・イギリス対フランス・ドイツ・ロシアの外交対立が激化した二〇〇三年二月十九日、プルーデンシャル・グループの金融大手プルーデンシャル・ファイナンシャルとワコヴィアが両社の証券部門を統合して新会社の設立を発表した。証券ブローカー一万三〇〇〇人を擁する全米第三位の証券会社を誕生させることに合意したのである。

ワコヴィアはウォール街が本拠ではないので日本人になじみが薄いため、この大事件はほとんど注目されなかった。ノースカロライナ州に本社を置く銀行ワコヴィア・バンク&トラストが、州内のファースト・ユニオンと合併し、資産額が全米第四位の巨大金融機関ワコヴィア・コーポレーションとしてのし上がったのは二〇〇一年だった。ヴァージニア州〜フロリダ州一帯を縄張りとする東海岸の南部州の銀行だが、WASP(ホワイト・アングロ・サクソン・プロテスタント)ではなく、十八世紀以来のチェコスロバキア移民の町に濫觴《らんしょう》を発するこの銀行は特異な存在である。アメリカ人の大部分の資産は、こうした地方銀行に置かれているので、ウォール街だけに注目するとアメリカ経済は読めない。

一八七三年に寡婦と孤児のための救済協会として発足したニュージャージー州のプルーデンシャルも、百三十年の歴史を持つ名門保険会社で、一九六七年に資産額二三六億ドルに達し、メトロポリタン生命保険を抜いてアメリカ最大の保険会社となった。七六年にはイギリス・ロスチャイルド財閥のハンブロー生命保険を買収し、七九年には日本のソニーと提携してソニー・プルーデンシャルを設立し、八六年にはメリル・リンチ不動産を買収した。その翌年、プルーデンシャル資産管理会社の会長CEO(最高経営責任者)にスコット・ピアースが就任したのだ。当時の副大統領、湾岸戦争時の大統領ブッシュのファーストレディーとなるバーバラの弟で、前述のようにブライス・イーストマン・ディロン幹部である。このワコヴィアとプルーデンシャルとベーチェが合体した証券会社の重要細胞を構成するのが、ほかならぬド・ヴィルパン家である。息子ブッシュ大統領の叔父は、ド・ヴィルパン外相の義父と同じ会社でビジネスを進める仲だったことになる。このようにド・ヴィルパン家は、国際実業のすみずみまで知りつくしている。

もしイラク問題がなければ、ドミニク・ド・ヴィルパンはアメリカに恥をかかせるような外交を進めて、重要な対米ビジネスに悪い影響を与える決断を下そうはずがない。もし、イラクと仮調印した油田採掘のフランス権益を優先するような人間であれば、彼にとってはベーチェ問題のほうが深刻だった。「イラクの問題は、武装解除が国際社会の共通する目的であり、それを解決するには戦争に代る手段が存在する」とフランス、ドイツ、ロシアの三国が主張し、ブッシュのアメリカに最後まで抵抗したのは、言われるようなイラクの石油利権のためではなかった。「イラクの武装解除を進めて国際的暴力をこの世から消す」、その目的のために「国際的暴力をふるってよい」などという論理が成り立つはずはない。「石油利権は別の場で議論すべきビジネスであり、われわれが心配しているのはそのような次元の低いことではない」とプーチンも言い続けてきた通り、ヨーロッパ大陸を守るために下した国家存亡に関わる政治的な決断がイラク攻撃反対だった。あるいはド・ヴィルパン個人の人間としての哲学であったかも知れない。が、その決断にシラク大統領、シュレーダー首相、プーチン大統領を導いたのは、フランス人、ドイツ人たちのすぐれて高い民衆意識だった。

二〇〇二年三月から四月にかけて、イスラエルのシャロン首相によるパレスチナ難民虐殺事件以来、ヨーロッパの民衆は過去のファシズム時代を振り返り、非常に鋭い意識と深い知識をもってイスラエル・中東問題を考えてきた。残念ながら本当に中東を理解するごく一部の日本人を除けば、アメリカ報道をつまみ食いした国際ニュースを通じてしか中東を知らされず、対岸の火事としか見ない日本との違いはそこにある。

ヨーロッパ人は、アラブ人と生活を共有し、ユダヤ人とビジネスを展開してきた。多くのヨーロッパ人は、台頭するネオナチの反ユダヤ主義と戦いながら、同時にイスラエル批判を続けていた。九八年からヨーロッパ中央銀行の初代総裁に就任してユーロ流通をなし遂げたウィム・ドイセンベルクはオランダ人だが、その総裁夫人ティネ・ステリングは、二〇〇二年にイスラエル軍が暴虐をつくす行為に怒って、自宅にパレスチナ国旗を掲揚したほどだった。ヨーロッパの貧困層が世界各国からの難民と移民の流入に困って、失業率の高い若者がネオナチに走る感情には、彼らをそこに追いつめた一理があった。一方で、イスラム移民がいなければヨーロッパの下層労働が成り立たず、イスラム社会と対立すれば、アルジェリアの天然ガスのようにエネルギー資源を獲得できないことを、実業界も大衆も知っている。ヨーロッパ金融がロスチャイルド財閥に依存することもわきまえている。二〇〇二〜三年にヨーロッパの一般民衆に拡大した反米感情とイスラエル批判は、そうした流れとは無関係であり、説明のつかない殺戮に走るアメリカとイスラエルの軍事行動が自ら招いた事態だということは歴然としている。

代表的な証券投資会社と共和党・保守派・軍需産業の国際的コネクションから、世界情勢の動きを見てきたが、次に、証券投資を監視する番犬であるSEC（証券取引委員会）の現状を観察しておく必要がある。

証券取引委員会の腐敗とドナルドソン委員長

二〇〇一年十二月二日に全米第七位の企業エンロンが倒産し、続いて二〇〇二年七月二十一日に全米第二位の長距離通信会社ワールドコムが倒産した。いずれも資産規模でアメリカ史上最大の記録を塗り替え、巨額の粉飾決算が発覚した。両社を監査しながら粉飾決算を見逃し、積極的に悪知恵を吹き込んだ大手会計事務所だけでなく、SEC、ホワイトハウスの経済担当者、不正を手助けした最大手銀行シティグループとJ・P・モルガン・チェースへの不信が頂点に達し、連邦準備制度理事会（FRB）にも投資家の怒りが向かった。

その後、イラク侵攻がおこなわれた二〇〇三年三月には、全米最大のリハビリテーション病院チェーンを経営するヘルスサウスに会計不正が発見され、エンロンとワールドコムに匹敵する巨額の水増しが発覚した。イラク報道にかき消されていたが、アメリカ最大の労働者をかかえる医療保健業界に腐敗が見つかったのである。

SECの捜査局は、世界中の企業を震え上がらせるほどすぐれた人材を集め、厳しい目で不正を調査してきた。そのことに異論はない。しかしブッシュが指名したSEC委員長ハーヴェイ・ピットは、就任当初からウォール街の犯罪人脈との結びつきを批判され、一連の企業スキャンダル発覚後も不正の隠蔽《いんぺい》に走って更迭されるに至って、SEC内部は大きく揺れ動いた。二〇〇二年から、捜査局の優秀な職員がブッシュの腐敗にあきれて自ら辞職を願い出て、投資家たちはますます国家の監視能力に疑いを深めてきた。

日本でアメリカ経済のゆくえを論評する時には、消費動向、失業率、財政収支、貿易収支、GDPなど抽象的な数字を語るが、アメリカ人投資家が自分の財産を投資する場合には、そこに動いている人間への信頼性が最大の鍵を握る。一度失墜した信用を回復するのは容易なことではない。その不信感を助長したのが、保守の中でも歴史上稀なる実務経験のないブッシュ・ホワイトハウス――保守主義＋ネオコンだった。その根拠をここに示しておく。

私利私欲の象徴であるスノー財務長官が就任して二週間後の二〇〇三年二月十八日、それまで三ヶ月も空席だったSEC委員長にようやくウィリアム・ドナルドソンが就任した。彼は学友二人と共にウォール街のインサイダー投資情報の調査会社ドナルドソン・ラフキン・ジェンレットを創業し、大手投資銀行にした男というふれこみだった。彼の過去を追ってみよう。

父ブッシュ大統領の弟ジョナサン・ブッシュとエール大学で知り合ったドナルドソンは意気

投合し、海兵隊除隊後にハーヴァード大学を出てから、ウォーカー商会に入社した。経営者は父ブッシュ大統領の叔父ジョージ・ハーバート・ウォーカーJrで、この二代目ウォーカーは、父ブッシュがテキサスで石油採掘に成功したザパタ石油の資金パトロンであり、同社重役でもあった。ドナルドソンはこうしてブッシュ一族と長年の友人となった。彼が学友ラフキンおよびジェンレットの二人と会社を設立したのは五九年だった。ウォール街の投資会社には普通の企業にある重役という職制がなく、パートナー制によって出資者の個人幹部が会社を支配する時代だったが、ドナルドソン・ラフキン・ジェンレットは創業十年にして史上初めて上場し、ウォール街を驚かせた。ドナルドソンが七三年に退社した時には、ウォール街でベストテンに入るブローカーに急成長していたのだ。しかしこの成功物語もできすぎている。

相棒のリチャード・ジェンレットは、この会社の設立に参加する前には、ブラウン・ブラザース・ハリマンに入社し、そこでユニオン・パシフィック鉄道ゲリーの部下として育てられた男だった。もう一人の相棒ダン・ラフキンも、ロックフェラーのファミリー企業で育てられ、妻は鉄道王ヴァンダービルト家につながる閨閥にあった。この三人組が成功しなければ不思議である。ドナルドソンの後ろ楯となったウォーカー家は、前述のようにメリル・リンチを育てたファミリーである。ドナルドソン・ラフキン・ジェンレットは驚異的な成功をおさめた新進気鋭の企業ではなく、事実上はメリル・リンチの隠れ子会社だったのである。ウォール街が株価操作のために呼吸を合わせて動く時に必要な、仕手株集団と同じメカニズムである。

自分の創業会社を退社したドナルドソンは、七三年にワシントン政界に迎えられてしばらくキッシンジャーの部下をつとめ、七四年には副大統領ネルソン・ロックフェラーの特別顧問となり、翌年には母校エール大学経営学部の初代学部長となる。九一年からニューヨーク証券取引所の会長を五年つとめて証券界のトップに立ったドナルドソンだが、問題はそのあと古巣のドナルドソン・ラフキン・ジェンレットに復帰し、正体を現わした彼の倫理観にある。

日付を正確に記すと、彼は二〇〇〇年二月から十二月までエトナ生命の会長・社長・CEOをつとめ、十二月に会長職だけとなり、そのポストも二〇〇一年四月一日に退任し、二〇〇二年まで重役にとどまった。エトナ生命は過度の買収戦略と株価下落で苦境に陥りながら、彼は十一ヶ月間だけという短いCEO在任期間中に合計ほぼ二〇億円もの報酬を手にしたのである。重役ポストに退いたのはそれを批判されたからだ。しかもエトナはすでに提携相手から前向きの書簡を受け取っており、それが公開される前のインサイダー情報に基づくストックオプション獲得だった。当然エトナの株価はその後に急上昇し、ドナルドソンは巨額の利益を得た。提携相手とはどこだったのか。二〇〇二年二月七日に、エトナの子会社エトナ・グループ保険がJ・P・モルガン・チェースの子会社チェース投資サービスと共同で顧客の投資サービスを開始する協定を結び、株価が急上昇した直後にドナルドソンはエトナを退社している。

もう一つの問題は、社会的にさらに重大な意味を持つ。二〇〇〇年八月にクレディ・スイス・ファースト・ボストンが投資銀行ドナルドソン・ラフキン・ジェンレットを一一五億ドルで買収すると発表し、年内に買収が完了した。しかし直後の二〇〇一〜二年にかけて、「大企業幹部に新規公開株を内密に教えて優先的に購入させ、上場後に株価が間違いなく上昇後、それを売り飛ばす」——ウォール街でボイラー室と呼ばれる証券詐欺が続々と明るみに出た。ワールドコム倒産で全米の投資家の怒りを買ったボイラー室犯罪に手を染めていた投資会社の筆頭に、クレディ・スイス・ファースト・ボストンがあげられたのだ。事情を知らない投資家はいつも株価が上昇後に株を買わされ、売り逃げと暴落によって損失をこうむってきた。仕組まれた詐欺と泥棒がワールドコムの倒産で証明され、投資家によるウォール街への決定的な不信を生み出した。そうしてSECがその犯罪を追及している最中の二〇〇二年十二月、ブッシュ大統領がSEC委員長にドナルドソンを指名したのである。ドナルドソン・ラフキン・ジェンレットを買収したクレディ・スイス・ファースト・ボストンの犯罪を、ドナルドソン・ラフキン・ジェンレット経営者に調べろというのだ。彼個人の利益が関わっていたJ・P・モルガン・チェースもメリル・リンチも、SECの犯罪調査対象だった。犯人に泥棒を調査しろと命じたも同じで、前委員長ハーヴェイ・ピット指名と同じ人事のくり返しだった。

「SECも議会もブッシュも、改善するというが、大嘘をつくな。改善されればウォール街のブローカーはもうけが出ない。絶対に不正はなくならないのだ」とまで言われるようになった。

米軍のイラク侵攻前にSEC委員長に就任したドナルドソンは、ウォール街に厳しい規律を求めながら、企業倒産に関して、マーチャント・バンカーに対して課せられていた責任と禁止条項を取り除くための法改悪を打ち出した。悪質なマーチャント・バンカーの嘘のために損害を受けた全米の投資家から、犯罪者を野放しにすると強い批判を浴びたのは当然である。この経過と履歴で明らかになるのは、私欲に走るドナルドソンたちの生活意識には、世界に広がる貧困の一端も見えないことである。ブッシュ政権の閣僚は、イラク侵攻がイラク民衆に何をもたらすかを考えなかったばかりか、アメリカ国内の貧困層にさえ気づかなかった。彼らがアメリカ国内で最も大きな打撃を与えたのは、皮肉にもフォード大統領とチェニー副大統領とレアード国防長官を生んだネブラスカ州などの州財政だった。彼らは自分の支持者たちさえ切り捨てて、金力のあるウォール街の支持を求めたのである。

イラク全土を米軍が軍事制圧した直後、カーネギー国際平和財団の幹部、新保守主義者ロバート・ケイガンが「イラク復興から国連を排除しなければならない」と語り、国連を口汚く罵ったことは国際的に有名だが、この財団の理事長としてケイガンを支援してきたのが、SEC委員長ドナルドソンである。ケイガンがビル・クリストルと組んで保守派のシンクタンク「アメリカ新世紀プロジェクト」を設立し、イラク攻撃に道を拓いた。金の欲望だけなら無視できるが、ドナルドソンが犯した何重もの罪を放置することはできない。

しばしばウォール街の株価の下落が話題になり、その影響が日本の兜町に押し寄せたというが、二〇〇一年から翌年にかけてのダウ工業株三〇種平均の株価暴落は、ブッシュ政権とこれら犯罪投機集団の共同作業に対する反発が原因だった。ワールドコムを破綻に追いやったシティグループ子会社ソロモン・スミス・バーニーが四億ドル、クレディ・スイス・ファースト・ボストンとメリル・リンチが二億ドル、モルガン・スタンレーが一億二五〇〇万ドル、ゴールドマン・サックスが一億一〇〇〇万ドル。これは二〇〇三年四月二十八日にSECとニューヨーク州司法当局など規制当局が、大手証券会社に犯罪懲罰金として課した最終和解金額であり、このほかの大手証券会社・銀行を含めて合計一〇社に一三億八七五〇万ドル、一七〇〇億円ばかりの罰金である。彼らが大きな詐欺罪を犯したことが、この懲罰和解金によって公式に証明された。ワールドコムは社名を昔のMCIに戻し、詐欺罪を認めて二〇〇三年七月には史上最高額の七億五〇〇〇万ドルの支払いに同意した。

しかしドナルドソンが裁定したこれらの金額は、被害額に対してあまりに少額で、反論が続出した。銀行と証券会社に合計一七〇〇億円の罰金でことをすませるほど、損害額は小さくない。犯罪を誘因とする株価暴落によって二〇〇〇年以来世界市場から消えた株式時価総額の減少分は、優に一〇〇〇兆円を超える規模なのだ。証券犯罪に対する罰金であるなら、これを国際司法裁判所で裁き、各国の投資家がアメリカ政府に対して損害賠償を求めるのが筋である。それでこそ、グローバリズムと呼ぶことができる。

民主党大統領候補として登場したジョン・フォーブス・ケリー

本書は主に、共和党を主体とする保守本流について説明するのが目的だが、これに対抗する勢力としての民主党の状況についても、一端を説明しておこう。

ブッシュ軍国主義時代に、これを食い止める勢力が登場しないのでは、絶望的である。そこにジョン・フォーブス・ケリーという不思議な男が大統領選挙の候補者として名乗り出た。彼を支持したのは、ケネディー大統領の弟エドワード・ケネディー上院議員である。エドワードは二〇〇二年十月にイラク攻撃決議に反対した数少ない上院議員の一人で、ケリーはそのとき賛成票を投じたが、のちに開戦反対を主張してブッシュに挑戦し始めた。垂れ目の面長という特徴的な容貌のケリーは、外交官の父を持ち、母はアメリカ最古の上流階級の一族だった。

先住民インディアンが住んでいたアメリカ大陸で、現在のアメリカ合衆国の領土への白人の侵入開拓地域は、主として三つに分けられる。

第一が、最も有名なメイフラワー号に乗ったイギリスからの巡礼団《ピルグリム》が一六二〇年に上陸した北部地域、現在のマサチュセッツ州だった。

第二は、オランダのアムステルダム名門旧家ファンレンセラル（Van Rensselaer――のち英語読みとなるヴァンレンセラー家）がオランダ西インド会社の船団を送り込んで一六二四年に砦を建設し、ハドソン川流域に広大な土地をインディアンから購入した現在のニューヨーク～ニュージャージー一帯である。一六六四年にはオランダ人がイギリス人に敗れてイギリス領となり、オランダ語が一掃されたが、アメリカ独立後もこのオランダ一族スティーヴン・ヴァンレンセラーが四三万六〇〇〇エーカー（五億坪）という広大な荘園を持つ富豪として君臨し、レンセラー技術研究所を設立して、今日まで数々のすぐれた発明家を送り出してきた。

第三は、さらに南に下って、ヴァージニア州～南北カロライナ州一帯で、エドワード・ウィングフィールドを頭とするグループが一六〇七年に領土を獲得し、先に述べたようにワシントンやジェファーソンたち初期の大統領を生み出した南北戦争の南軍支配地域である。こちらはタバコと棉花の栽培を中心とする奴隷地帯となり、のちにテキサスまで支配した。

さて、メイフラワー号のイギリス人乗組員は、最初に上陸したケープ・コッド（鱈の岬）の町を拠点に次々と大陸内部へ進出し、彼らに十年遅れて上陸したジョン・ウィンスロップが一帯をマサチュセッツ・コロニー（植民地）として初代総督に就任した。ウィンスロップに六年遅れてウェールズから上陸したのが、J・P・モルガンの祖先、ジェームズ、ジョン、マイルズのモルガン三兄弟だった。彼らはさらに町を建設しながら北東部に広がってゆき、ニューイングランド地方と呼ばれるマサチュセッツ州、コネティカット州、メイン州、ロードアイランド州、ヴァーモント州、ニューハンプシャー州に定住した子孫たちが地主となって大きな財産を築いた。彼らはそうしたアメリカ開拓者としての誇りと富を持ち、アメリカ随一の名門として排他的に振る舞う一方、インテリ階級に特有の高慢さを備えていた。そのため、あとからやってきた貧乏移民たちから、インドの差別階級制度カースト最高階層の僧侶バラモンにたとえられ、軽蔑をこめてブラーミンと呼ばれてきた。

初代総督ウィンスロップから数えて十代目のマーガレット・ウィンスロップを祖母とし、ローズマリー・フォーブスを母として生まれたのが、二〇〇四年の大統領候補の一人ジョン・フォーブス・ケリーである。この家系が興味深いのは、ウィンスロップ家が代々共和党の重要人物を生み出した保守本流ながら、ケリーがそれに反旗を翻したからである。

最近で注目すべきは、世界貿易センタービル崩壊事件の真相を究明するための独立委員会が設立されることになり、二〇〇二年十一月にブッシュが調査委員長にヘンリー・キッシンジャーを指名した一件である。「中東の利権に関わるコンサルティングをしている人物が、中東の実情をまともに調査するはずがない」、「彼の顧客名簿を提出させろ」と全米から非難の声が巻き起こり、漫画家たちは、「歴史の書き替えを専門にするコンサルタントだ」と彼をこきおろした。

一九六〇〜七〇年代にかけてベトナム、カンボジア、ラオス三ヶ国で戦争犯罪に関わり、中南米のチリ、アルゼンチン、ブラジル、パラグアイの軍政指導者の住民虐殺を支援した〝コンドル作戦〟が公文書で明らかになった人物、それがノーベル平和賞を受賞したキッシンジャーだったことは今日ではあまねく知られ、チリのピノチェト大統領による大量虐殺事件をめぐっては、二〇〇二年に具体的にキッシンジャーの証人喚問を求める国際的な動きが活発になった。米軍が残忍なクラスター爆弾を大量に使い始めた戦闘も、彼が班長をつとめるベトナム特別作業班とワシントン特別行動班を使っておこなわれたラオス・カンボジア侵攻作戦であった。

こうしてキッシンジャーは内定していた委員長辞退に追い込まれ、後任に選ばれたのが、ニュージャージー州知事トマス・キーンだった。日本で無名の彼は、初代総督ウィンスロップの直系子孫で、数々の共和党議員を議会に送り出してきた名門の出である。その上、先ほど登場した共和党の副大統領候補ヘンリー・キャボット・ロッジJrも、妻が総督ウィンスロップの直系子孫にあたる。

大統領候補ケリーがやはりウィンスロップ総督の直系子孫なのだ。そこに嫁いだ母フォーブス家は、経済誌発行人のフォーブス家とは無関係で、シカゴ・バーリントン・クインシー鉄道（CBQ）を支配した鉄道王ファミリーだった。これが、ユニオン・パシフィック鉄道、CSXコーポレーションと並ぶ現在の三大鉄道の一つ、これまで説明しなかったバーリントン・ノーザン・サンタフェ鉄道（ＢＮＳＦ）の母体である。南北戦争前にイリノイ州シカゴが農産物の集散地として全米の鉄道中心地となった頃、ボストン融資団のジョン・フォーブスがリーダーとなって、シカゴからミシシッピ川沿岸のアイオワ州の小都市バーリントンとイリノイ州クインシーを接続して誕生したのが、通称ＣＢＱ鉄道で、南北戦争が終るまでにはシカゴ周辺のほとんどの鉄道を統合した。

ところがここにもう一人の鉄道王、ジェームズ・Ｊ・ヒルが登場して、カナダ国境の北部地帯を支配するミネソタ州ミネアポリス〜セントポール間の路線を完成し、穀物王カーギルの帝国誕生に道を開いた。グレート・ノーザン鉄道会長でノーザン・パシフィック鉄道の支配者でもあるＪ・Ｊ・ヒルがＣＢＱ路線を買収したのが一九〇一年で、ＵＳスチールを設立したばかりのＪ・Ｐ・モルガンと同盟を組み、ハリマンとの凄絶な鉄道支配権をめぐる争いを展開した。時代が移って鉄道再編期の一九七〇年には、関連路線が大合同して全米最大の穀物・石炭の鉄道輸送会社バーリントン・ノーザン鉄道となった。さらにこれが、インターネット時代の九五年にカンサス州を基盤とするアチソン・トピーカ・サンタフェ鉄道と合併してバーリントン・ノーザン・サンタフェ鉄道となったのだ。第二章に述べた通り、高速通信を可能にする光ファイバーの王様フィリップ・アンシュッツがカンサス州に生まれ、鉄道投資によって広大な路線権利を獲得できたのは、中西部から西部ニューメキシコ州まで達するこの鉄道網のおかげであった。

フォーブス家はまた、モルガン・スタンレーを創業したモルガン商会三代目ジュニアス・スペンサー・モルガンの一族だった。したがって、民主党候補ケリーは久しぶりに大統領選に登場した大富豪の直系一族である。しかしここまでの話はすべて母方の血筋で、父方としては彼はケネディー家と同じくカトリック教徒として育てられ、アイルランド系のアメリカ人とみなされてきた。

エール大学を卒業後に海軍に入隊したケリーは、ベトナム戦争に従軍して一九六九年二月にメコンデルタ地帯でベトコンのロケット砲撃を受けて応戦し、シルヴァー・スター勲章を受けた。しかし帰国して退役後、軍人を犠牲にするニクソンの政策に憤激して猛烈な反戦運動を展開し、ベトナム退役軍人の反戦組織の設立に参加するまでになった。やがて地方検事を経て、八二年にはマイケル・デュカキスと組んでマサチュセッツ州知事選に出馬し、副知事に当選した。デュカキスは八八年に父ブッシュに敗れた民主党大統領候補である。一方ケリーは八四年に上院選に出馬して初当選し、八七年にはケリー委員会と呼ばれる調査委員会で、レーガン政権のイラン・コントラ武器密輸事件を徹底的に追及して、麻薬マネーの不正な流れを暴露した。その年からぐんぐん頭角を現わし、民主党上院選挙委員長となった彼は、九〇年の湾岸危機でイラク攻撃反対に投票する勇断を示した。

さらに九一年にはベトナム残留米兵捕虜に関する調査委員会で委員長をつとめ、米兵捕虜に対する虐待はないと結論し、ベトナムとの国交正常化と貿易再開に道を拓いた。ちょうどその年、ケチャップで有名な大手食品ハインツ創業一族で、ペンシルヴァニア鉄道とメロン銀行の重役をつとめた大富豪ハワード・ハインツの孫にあたる、共和党上院議員ジョン・ハインツが飛行機事故で死亡した。その遺産を相続した未亡人テレサにケリーが地球サミットで出会うと、九五年には彼女と再婚してしまうのだ。

大変な資産家が、大変なケチャップ遺産相続人と再婚し、アメリカ議会で最も富裕な階層の議員なのだから、とんでもない男かと言えばそうではない。二〇〇一年にはブッシュが遺産相続税を廃止するという富豪のための減税策を打ち出すと、ケリーは反対票を投じた。そのため、再婚後も共和党支持者の妻テレサと、政治問題では意見が対立してきたという。エネルギー問題では、自然保護と地球環境の保全を訴え続け、「国内の再生可能なエネルギーの利用に全力を投入すべきで、国外の石油に依存するべきではない。石油カルテルに利用された過去を振り捨てよう」と演説、アラスカ保護区の油田開発にも反対票を投じた。そして二〇〇二年十二月に大統領選に民主党候補として立候補をめざす意向を表明したあと、環境保護に熱心な妻テレサも応援をスタートした。前述のようにイラク攻撃問題では国際協調路線を重視すべきと主張して、ブッシュ・ネオコン政権を痛烈に批判した。しかし彼は、アメリカのイラク侵略攻撃が開始されると、ただちにブッシュ政府のイラク攻撃を支持するとの声明を発表した。その理由は何か。

母方と妻がアメリカ支配階級の富豪であることを説明したが、ケリーの父方は本当にアイルランド系カトリック教徒だったのか。二〇〇三年二月に彼の地元紙〝ボストン・グローブ〟の記者マイケル・クラニッシュがヨーロッパ取材や移民記録から解明し、ジョン・ケリー本人が「初めて知って驚いた」というケリー家のルーツは次のようなものだった。祖父は一八七三年にオーストリア帝国のベニッシュ（現在のチェコ領）にフリッツ・コーンとして生まれ、一九〇二年にフレデリック・ケリーと改名したが、その当時のケリーとコーンの記録がユダヤ人家族の戸籍上に登録されていたことからユダヤ人と判明した。俳優のジーン・ケリーやグレース・ケリーのようにアメリカ人に多いKellyまたはKelleyではなく、彼の場合はKerryと書く。フレデリックは一九〇五年にアメリカに移住して商人となり、妻（祖母）もユダヤ人だった。その息子リチャード・ケリーは外交官となって、二〇〇〇年に死亡した。このルーツが報道されて翌月、アメリカのイラク攻撃が開始されたので、大統領候補ケリーがブッシュ政策を支持するように変った動機が、出征軍人を支えなければならないアメリカ人として当然の選択なのか、新たに知ったユダヤ人ルーツに影響されてか、真相は分らない。両者だったかも知れない。

評価の定まらない候補だが、ブッシュの軍事政策に一度は異を唱えた彼がユダヤ人のルーツを意識したことに、一縷の希望がある。アメリカ国内のユダヤ人は、一五億を数える世界中のイスラム教徒が反米・反イスラエル感情をあらわにしてきた状況に一様に恐怖を抱いている。冒頭述べたようにユダヤ人がみなネオコンやシャロンの強硬策に賛同しているわけではない。しかし自分の安全を考えれば米軍に守ってもらうほかないので、心理的にはペンタゴンに逃げ込んできた。アメリカ国内では一定の安全が保障され、安心して過ごせるからだ。しかしそれも、これから先はどうなるか分らない。一方、ヨーロッパや中東、アフリカ、アジアに生活するユダヤ人たちは現在、ただならぬ恐怖におびえているのである。最も顕著な事件が、米軍のイラク制圧後の五月十六日にモロッコのカサブランカで起こった連続爆破事件である。ユダヤ人は被害を免れたが、ユダヤ人センターなどが爆破され、明らかにユダヤ人を狙った爆破だった。イスラム社会と仲良くしてきた現地のユダヤ人はショックを受けた。ヨーロッパでも、シャロンに対する嫌悪感から、十九〜二十世紀前半までの反ユダヤ感情が目に見えない形で広がってきた。しかしヨーロッパのユダヤ人には、アメリカのユダヤ人のように逃げ込むところがない。ヨーロッパ民衆の多くは、ユダヤ人であるなしにかかわらず、アメリカ政府とネオコンがけしかける無責任なイスラム攻撃が何をもたらすかを感じ取っているのである。

ケリーは、もう一人のユダヤ人民主党大統領候補リーバーマンと違う視点から、九月十一日事件後を見つめてきた。二人が組む可能性も残されているが、イラク攻撃に拍手喝采を送ったリーバーマンは、共和党に転向してブッシュと組むのがふさわしい。ケリーは大統領候補であるなしにかかわらず、脅威を受けるユダヤ人としての立場から、しかも保守本流の血筋から、保守本流やネオコンに軍事攻勢をやめるよう直言できる上院議員だという強みがある。彼がそれを語り出すなら、初めて世界に光がさす。

アメリカ人の浪費癖と貿易収支の巨大赤字

ここまで見てきたホワイトハウスや政界を離れて、あらためてアメリカを見た場合、アメリカ人自身に大いに問題があることに気づく。火がついた好戦的な反イスラム国民感情と、石油と電気の浪費経済をやめようとしない贅沢病と、一九九〇年代のウォール街景気に乗って体にしみついた金融投機欲である。

それぞれ道理がある。アフガン攻撃以来、米兵が露骨に示してきた報復リンチ感情は、九月十一日事件による復讐心と恐怖心が引き金となっている。この感情は明らかに国民が中東に無知であることにつけ込んで、ホワイトハウスとメディアが煽り立てた結果で、知性ある指導者がいない、あるいは、いながら排除されたための不幸である。

残り二つの問題——浪費癖と投機欲——は、アメリカ人だけでなく、世界のビジネスマンにも大いに責任がある。人口の大半が海岸線の狭い回廊に密集して住む日本人には、大陸国家アメリカがどのように動いているかを想像しにくいが、東京・杉並区は、人口密度がワイオミング州の八〇〇〇倍という超過密地区だという先ほどの実例は、逆に、ワイオミング州に住む人間は自動車と飛行機なしには日常生活がままならないことを教える。それでも、アメリカ人のエネルギー浪費癖はものの限度を超えている。

二〇〇二年十一月に、「ハンバーガーとフレンチフライの食べ過ぎで肥満になったのは企業側の説明不足だ」として、アメリカ人が集団でマクドナルドを訴える訴訟が起こされた。マクドナルドの肩を持つ気など毛頭ないが、マクドナルドの弁護士が、「食べ過ぎたら太ることなど誰でも知っている。ある日、目覚めたら突然太っているわけではない」と反論し、ニューヨーク連邦地裁が原告の損害賠償請求を棄却したのは当然である。この食べ過ぎとエネルギー浪費は、間違いなく相関性のあることだ。ある日、アメリカ人が目覚めたら突然エネルギーを大量に使っていたというわけではない。

アメリカ人の浪費を証明する貿易収支のグラフ（図8）を見てみよう。明らかに八〇年代のレーガン政権の時代に赤字が急膨張している。そのあと、父ブッシュ政権時代には東西冷戦が消滅し、世界的な軍需産業の危機による失業者増加時代に入ったことが、アメリカの消費を冷え込ませた。ところがクリントン政権の登場によって、とてつもない貿易赤字を記録しても平然とするアメリカになった。さらにそのあと、ウォール街がブッシュ不況に落ち込んでも、ア

図8　アメリカの貿易収支　商務省統計 1960〜2002年

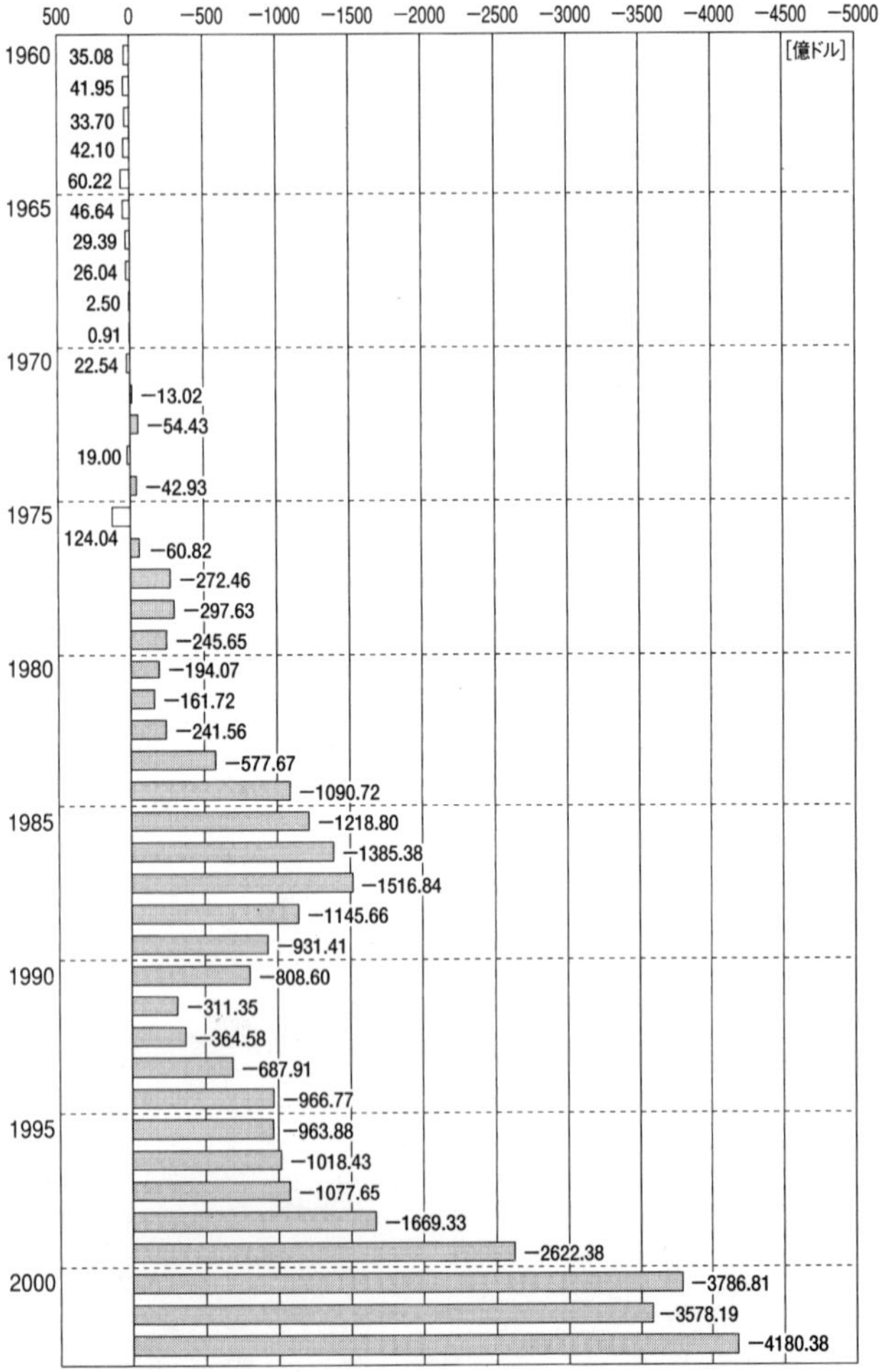
500
0
−500
−1000
−1500
−2000
−2500
−3000
−3500
−4000
−4500
−5000
[億ドル]
1960
1965
1970
1975
1980
1985
1990
1995
2000
35.08
41.95
33.70
42.10
60.22
46.64
29.39
26.04
2.50
0.91
22.54
−13.02
−54.43
19.00
−42.93
124.04
−60.82
−272.46
−297.63
−245.65
−194.07
−161.72
−241.56
−577.67
−1090.72
−1218.80
−1385.38
−1516.84
−1145.66
−931.41
−808.60
−311.35
−364.58
−687.91
−966.77
−963.88
−1018.43
−1077.65
−1669.33
−2622.38
−3786.81
−3578.19
−4180.38

メリカ人はまったく反省していない。クリントン政権の最後にピークに達した消費水準を、アメリカ人が依然として続けてきたのはどうしたことか。

貿易赤字という現象がいつから始まったかと言えば、グラフに見た通り、一九七一年のニクソン・ショックからである。七一年八月十五日、ニクソン大統領が金とドルの交換停止と、金本位制の廃止を発表した。為替レートが毎日変化する中で国際取引きがおこなわれる変動ドル本位制となったのだ。歴史上のこの重大事件を、ただ「紙幣が相場を支配する時代に移行した」と見るのは、安易にすぎる。二〇〇三年時点で、一日一兆ドルを超える為替取引きがおこなわれているのだ。日本の国家予算八〇兆円の一・五倍が毎日の取引き額でよいはずはない。そのうち一割が為替差益の利益を生むなら、毎日一二兆円がまるで詐欺のような不労所得でディーラーに流れ込む。ディーラーとは、国際金融マフィアである。

七〇年までのアメリカ人は戦争に熱中する一方で、同時にすぐれた製品を世界に輸出して、地球を魅了した。しかし〝金本位制による為替レートの固定〟という安定した制度をなしにしてしまうニクソン・ショック以来、為替を操作すれば金が入ってくる人間たちは、モノをつくることにすっかり怠け者になった。モノとサービスの輸出入は逆転し、アメリカは口先でサービスを輸出する国家となった。それまでずっと赤字だったサービス輸出が七一年から黒字となり、それまで黒字だったモノの輸出が赤字に転じたのだ。サービス業の中で金融が占める力は、飛躍的に上昇した。ニクソンは、その濡れ手に粟の金を使って何をしたか。

ニクソンは悪役として政治歴を閉じたためほとんど知られていないが、貧困層がマイホームを持てるように大規模な予算を組み、アパート生活者が自宅を買えるように巨額の補助金を出した。水質と大気を浄化するため、環境保護法によって公害防止対策を大幅に改善した。家族支援計画を打ち出し、ダイナミックに福祉政策の前進に力を注いだ。南部での黒人差別廃止にも尽力した。これがニクソンの忘れられている国内の業績である。

民主党が始めたベトナム戦争に早く見切りをつけ、ウォーターゲート事件の罠に落ちなければ、赤狩り時代の過去の汚名を払拭して、大統領としてかなりの名を残せたのである。しかし根は変らない。世界各国の政府要人に賄賂《わいろ》を配ってロッキード事件を引き起こす軍需産業代理人として、大統領自ら各国に恫喝《どうかつ》をかけ続けた。国家は浪費を奨励し、金を使え、金を使えと号令をかけた。ニクソンが経済政策を立てたわけではない。彼自身は後年、金本位制を廃止した政策は間違っていたと述懐する。

ニクソン・ショックの声明を出した時の連邦準備制度理事会（ＦＲＢ）議長は大幅減税を実施し、信用借りを奨励して消費ブームを起こす名人アーサー・バーンズだった。市中に大量の金を流し込めば景気がよくなるとニクソンを煽り立てたこのバーンズがニクソン・ショックを仕掛けた真犯人だ。その最大の動機は、ペンシルヴァニア鉄道とニューヨーク・セントラル鉄道が合併したペン・セントラルという全米最大の鉄道が七〇年に倒産し、ニューヨーク市が巻き込まれた経済危機にあった。その翌年に打ち出されたのが、変動相場制だったのである。

バーンズはオーストリア・ハンガリー帝国からの貧しい移民ユダヤ人、元の名ブルンツァイクだった。いつでもよくできているのが、この種の貧乏人の出世物語だ。彼は一九七八年からロスチャイルド財閥でラザール・フレールの顧問になるが、二十一世紀にウォール街で明らかになったディーラーや企業幹部の泥棒行為が、すべてニクソン・ショックによる金融開放政策に端を発していた事実を見れば、もともとその筋の国際金融マフィアの回し者としか思えない。

こうしてアメリカ経済は、二十世紀が幕を閉じるまでにサービス輸出の黒字が九七年に九〇〇億ドル（ほぼ一〇兆円）を記録するまでになった。金融大国アメリカが世界中に跋扈《ばっこ》する時代である。投資銀行家、マーチャント・バンカー、ファンドマネージャーが外国から金を集めてこなければ成り立たない国家である。しかしそれも焼け石に水の状態で、それ以上に国民が浪費する。圧倒的に輸入が多いのは自動車と関連部品で、これが日米経済摩擦の日本バッシングをもたらした。原油を始めとする燃料関係も大量に買い込み、中東に戦乱を巻き起こす。コンピューターなどの自動データ処理装置は、自分たちが開発したくせに、輸入に圧倒されている。そして日常の生活用品は、あらゆるものが輸入に頼っている。穀物輸出大国だったアメリカの食糧も、十年前とはすっかり変って、飲み食い放題のためか、今や輸出と輸入が拮抗して

図9　日本・中国に対するアメリカの貿易赤字　商務省統計

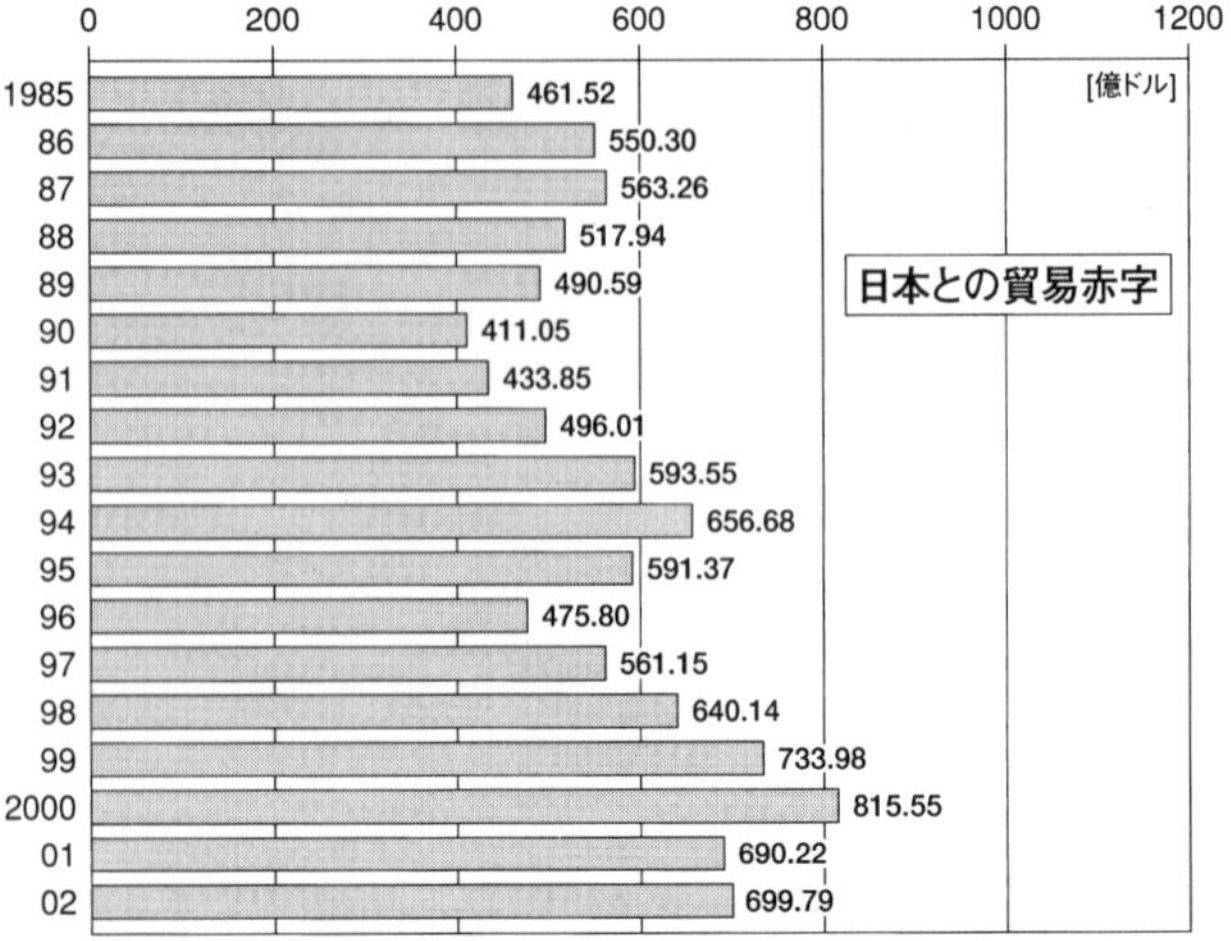

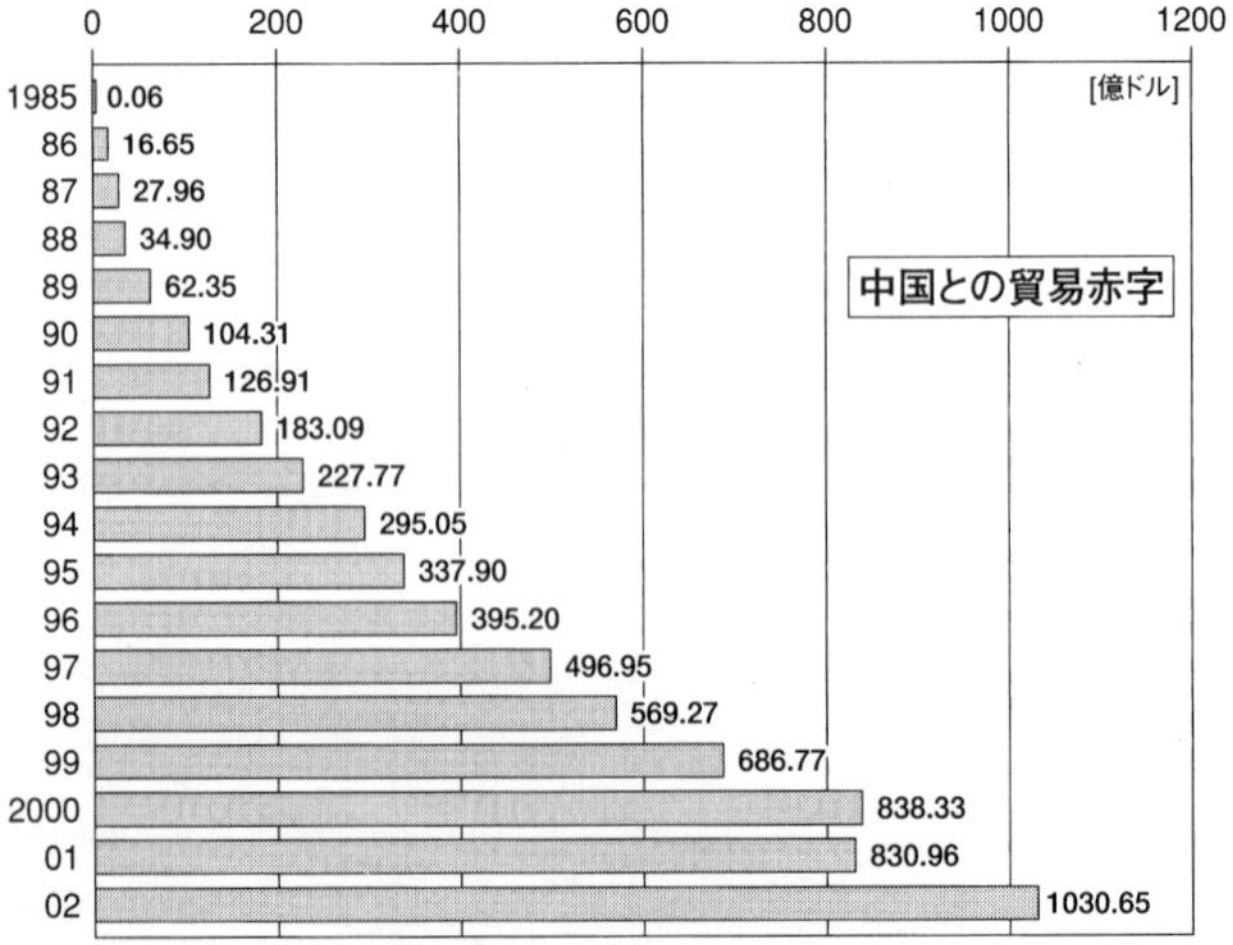

いる。その結果、アメリカの貿易収支の巨大な赤字がしばしば問題になる。二〇〇二年には四一八〇億ドルと、わずか一年で五〇兆円を超える赤字を記録した。アメリカ人がモノを製造せず、外国から買い込んで浪費し続け、ハンバーガーで肥満体になり、膨大な医療費を使うのは勝手だが、それを他人のせいにして裁判所に訴える。

喜ぶのは、世界中の輸出業者である。中でも日本人は、アメリカ人を肥らせて食い物にする名人だ。図9に見られるように、二〇〇〇年にはアメリカとの貿易収支で八一五億ドルという黒字を記録し、二〇〇二年にもほぼ七〇〇億ドルをかせいだ。これを日本の人口で割ると一人六万円。日本国民を一世帯四人平均として一家で二四万円をアメリカからせしめた、という計算になる。野茂やイチロー、松井が大リーグでかせぐのとはわけが違う。

世界金融に拡大するロスチャイルド化現象と金融犯罪

日本はアラブ諸国のように石油を売らないが、その代り石油を燃やして走る自動車をアメリカに売っているのだ。一方、その日本に対して中国が輸出量を急激に増やしてきた。そしてグラフに見る通り、中国人は日本だけでなく、急激にアメリカ人を食い物にし始めた。日本がかなり長期的にアメリカからかせいできたのと違って、中国の伸び方はすさまじい。アメリカが各国に圧力をかけ、勝手な軍事行動をとる裏の政治力学がここにある。しかしフランス、ドイツ、ロシアは、いずれも貿易で同じようにアメリカを食い物にしながら、言うべきことを言った。そこに日本の政治家との民度の違いがある。

世界経済を動かすシステムとは、言い換えれば、アメリカを食い物にする装置である。アメリカ人の多くがすでにサービス業で生きる現在、超大国と呼ぶのはやめるべきである。アメリカが誇れるモノは、軍需産業がつくる人殺し兵器だけで、大食らいの大国にすぎない。その国の代表が大統領だと考えれば説明がつく。ほかはみなアメリカ以外のほうが安くてすぐれた製品を製造している。アメリカのウォール街は、世界経済の中心ではない。ウォール街は世界金融取引きの中心であるだけだ。

そのため、ウォール街は金融犯罪の巣窟と化した。その犯罪構造は、ここ十数年にわたって大規模に進められてきたマーチャント・バンカーの買収・合併にある。十八世紀以来、世界中の金融胴元として活動してきたロスチャイルド系の個人経営の老舗投資銀行が、保守系の国際金融機関にみな買収されたのである。代表的な◆親会社と◇子会社のロスチャイルド系バンカーの二〇〇三年時点のリストを以下に示す。

◆シティグループ

◇ソロモン・ブラザース

◇レーブ・ローズ

◇クーン・レーブ
◆J・P・モルガン・チェース
◇ロバート・フレミング
◆UBS
◇S・G・ウォーバーグ
◇ディロン・リード
◇J・W・セリグマン
◆メリル・リンチ
◇スミス・ニューコート（ロスチャイルド証券）
◆ドイツ銀行
◇モルガン・グレンフェル
◇ウォルフェンソーン
◆ソシエテ・ジェネラル
◇ハンブローズ銀行
◆プルーデンシャル・ファイナンシャル
◇ベーチェ・ホルシー・スチュアート

次の四つは、買収されていない独立したロスチャイルド系バンカーである。

◇ゴールドマン・サックス

◇リーマン・ブラザース

◇ラザール・フレール～ラザール・ブラザース

◇ベア・スターンズ

モルガン・スタンレー・ディーン・ウィッターとクレディ・スイス・ファースト・ボストンは、ロスチャイルド系子会社を持たない大手に見えるが、モルガン商会はロスチャイルド家が育てた金融機関である。一九八八年にファースト・ボストンを買収したスイス本国のクレディ・スイスも、ヨーロッパ本国のロスチャイルド家が設立した銀行であり、ロスチャイルド閨閥に入るひと握りの個人銀行家たちによって経営されてきた。

特に注目すべきは、最大手のシティグループである。その傘下の大手証券部門ソロモン・スミス・バーニーは、ソロモンとスミス・バーニーが合併した子会社だが、後者は、南北戦争時代に政府唯一の金融エージェントとなったフィラデルフィアの大物金融家ジェイ・クークの娘婿が設立したバーニー商会に濫觴を発する。クーク家の資金源は代々ノーザン・パシフィック鉄道の債券にあり、その後バーニー商会には、ブラウン・ブラザース閨閥のスミス商会と、ロックフェラー財閥のスタンダード石油ニュージャージー会長のハリス商会と、ヴァンダービルト家のフラッグ商会が合併したので、全米すべての保守財閥の大合同体だった。これほどの保守本流財閥が、ロスチャイルド財閥のサンフォード・ワイル会長率いるシティグループの傘下に入り、ロスチャイルド財閥のソロモンと合併している。

これは、アメリカ大陸に走り出した鉄道資本の内部に、世界的な金融ネットワークが拡大した〝ロスチャイルド化現象〟と言ってよい。保守本流の金融機関は、軒を貸して母屋を盗られたのである。ユダヤ系金融家は十八世紀以来、ロスチャイルド一族として緊密な連携を取り合って世界マーケットを動かしてきた。ところが今では、分散して大手保守系の金融機関内部に入り込んだディーラー集団として、相互に呼吸を合わせて即座に動くことができる態勢にある。右にあげた金融機関リストに注目しなければならないのは、ほとんどが二〇〇二年にウォール街での犯罪が発覚し、懲罰金を支払うことに同意した金融機関だということである。エンロンとワールドコムの相次ぐ倒産に世界は震撼したが、エンロンを倒産させた最高財務責任者アンドリュー・ファストウがユダヤ人だったばかりか、ワールドコム倒産の責任を問われて業界から永久追放処分を受けたソロモン・スミス・バーニーの花形アナリスト、ジャック・グラブマンもユダヤ人だったことは、こうしたロスチャイルドのネットワーク構造と密接な関係を持っている。ダウ平均株価は、クリントン時代の二〇〇〇年一月十四日につけた史上最高値一万一七二二ドルから二〇〇二年まで急落を続けたが、一斉に売り逃げた者がいるから株価が落ちたのである。〝犯罪を犯していた人間たちが誰よりも早く株を売り逃げる〟暴利メカニズムが、アメリカ議会で明らかになった。ウォール街から消失した天文学的な資金は、この世から消えたのではなく、彼らの懐中に入ったままである。これから再び、彼らが相場を動かすのだ。

もともとアメリカの保守的な投資銀行の多くは、二十世紀前半までメイフラワー号の子孫であるボストン人脈を中心としたマサチュセッツ金融勢力と、ペンシルヴァニアの工業界に支配されていた。一九三三年の銀行と証券会社の分離によって、チェース・ナショナル銀行とボストン・ファースト・ナショナル銀行が証券部門を切り離し、その両証券が合併して誕生したのがファースト・ボストンだった。それらのマサチュセッツ勢力が、現在ではロスチャイルド系の勢力に総合的な支配力を明け渡し、新しい銀行人脈がホワイトハウスから連邦準備制度理事会まで、さらに行政予算管理局、通商代表、輸出入銀行、会計検査院、CIA、ニューヨーク証券取引所、SEC、法律事務所、シンクタンク、企業へと浸透して、アメリカを身動きとれないものにしているのである。

ロスチャイルド家のバンカーとして代表的なゴールドマン・サックス一社を例にとればお分りだろう。彼らが政界におよぼす影響力は、次のような実績を持っている。特に有名なのは、第二次世界大戦中、ルーズヴェルト大統領とトルーマン大統領の顧問をつとめたゴールドマン・サックス会長シドニー・ワインバーグの敏腕である。最近ではゴールドマン・サックス会長ロバート・ルービンが大統領選の参謀としてクリントンの資金集めに奔走したあと、クリントン政権の経済担当大統領補佐官から財務長官となったことはあまねく知られる。二十年間ゴールドマン・サックスのパートナーと経営委員をつとめたケネス・ブロディも、ルービンと共にクリントンの大統領選で財政支援者となり、九三年にクリントン大統領によって輸出入銀行総裁に任命された。こうしたことで、一般には民主党のゴールドマン・サックスと見られがちだが、それは思い違いである。

ゴールドマン・サックス会長ジョン・ホワイトヘッドは、共和党レーガン政権のシュルツ国務長官のもとで国務副長官をつとめた。

六六年にゴールドマン・サックスに入社した生え抜きのスティーヴン・フリードマンは、ルービンと共同会長をつとめたあと、ルービンがホワイトハウス入り後は単独会長となって年収六〇億円を超えるウォール街長者番付上位を占め、あまりの高額所得に同社のパートナーから無能の経営者のくせにと批判を浴びた。しかし九九～二〇〇二年にかけて民主党クリントン～共和党ブッシュ政権の大統領国外情報諮問委員会メンバーとなり、大混乱の二〇〇二年十二月からローレンス・リンゼーに代って経済政策担当の大統領補佐官（国内経済政策局長）に就任した。この時ブッシュ大統領の次席補佐官だったジョシュア・ボルトンも、元ゴールドマン・サックス取締役重役で、ロンドン支店の法律・政治交渉を担当していた男であり、新大統領補佐官フリードマンの親友だった。さらに二〇〇三年七月には、ゴールドマン・サックス投資部門トップのケネス・リートがブッシュ政権財務次官という要職に指名された。

二〇〇二年にウォール街の果てしない泥沼の腐敗が発覚し、規制を厳しくしろと投資家から批判を浴びたアメリカ議会も、上院銀行委員会の民主党大物議員ジョン・コージン本人が、ゴールドマン・サックス会長をつとめていた男である。

ロバート・ホーマッツは、共和党ニクソン政権時代に国務省入りして、フォード政権の大統領補佐官キッシンジャー～スコウクロフト、民主党カーター政権の大統領補佐官ズビグニュー・ブレジンスキーの三人に経済顧問として仕えたあと、通商代表部副代表からレーガン政権経済担当国務次官補となった。ところが退任後、八二年からゴールドマン・サックス副社長となり、八七年には副会長となった。また、共和党ニクソン政権の国防総省高官だったヘンリー・ポールソンJrは、七〇年代からゴールドマン・サックスに転じて、ついにはフリードマンの後任の会長となり、ホワイトハウスからウォール街へ転じた中でも出世頭となった。彼は一時、ポール・オニール辞任後の財務長官候補として名前があげられた。

民主党カーター～共和党レーガン政権時代の日本大使だったマイケル・マンスフィールドが、退任後にゴールドマン・サックスの顧問に迎えられたのも、バブル絶頂期の住友銀行がゴールドマン・サックスに一〇〇〇億円近く出資して提携しながら、経営参加を禁止されたことに対する批判の火消しと無縁ではあるまい。その後、日本のバブルがはじけて、ゴールドマン・サックスが富士銀行、あさひ銀行と提携し、東邦生命本社ビルを三〇〇億円で買収した。さらに、破綻した日本長期信用銀行の取締役会が譲渡先選定のアドバイザーをゴールドマン・サックスに依頼した結果、前FRB議長ポール・ヴォルカーを顧問に抱えたアメリカの清算屋リップルウッド・ホールディングス・グループが長銀を落札した。

こうしてウォール街の絶頂期に入ったゴールドマン・サックスは、百三十年続いた共同出資経営（パートナー制度）を九九年五月に廃止し、全株のうち一三パーセントを公開して、ニューヨーク証券取引所に上場した。公開翌日に株価は狂ったように三割も上昇し、一瞬で三五億ドル、四二〇〇億円を調達したという。十年以上も忍耐を強いられてきた筆頭株主の住友銀行は、ここをチャンスと見て保有株のうち二割余りを売って出資費用と同額をほぼ回収できたという。しかしこうした新規公開株の大騒ぎの背後では、公開前に間違いなくボイラー室犯罪がアメリカ財界の大物個人のあいだで取引きされ、国際金融マフィアの胴元がはるかに大きな利益を得ていたと推測されるのである。

二〇〇三年一月には、三井住友フィナンシャルグループが不良債権処理のため一五〇三億円の優先株を発行し、ゴールドマン・サックスが全額引き受けることで合意したと発表した。三和銀行、東海銀行、東洋信託銀行の合併によって誕生したＵＦＪグループが、メリル・リンチから一〇〇〇億円の優先株出資を受けて新会社を設立し、不良債権一兆円を分離するというニュースが流れた翌月のことである。さらに三井住友フィナンシャルグループは二月にも主幹事にゴールドマン・サックスを選んで、海外投資家からの三四五〇億円追加増資を発表した。重大なニュースだ。日本人の預金を管理する大銀行が、不良債権をなくすためアメリカに次々と負債をつくりだす。こうした支配関係が生まれる原因はどこにあるのか。日本が頼るアメリカ経済は、果たして健全なのか。

為替レートの人為的な操作によって、あらゆる国で労働賃金が国際的な尺度に当てはめられ、立ち行かなくなる。日本ではすぐれた工場も閉鎖を余儀なくされ、空洞化の時代に入った。いつまでも止まらない企業倒産の増加という現実の前に、失業者が増え続けてきた。そこに源がある日本の金融機関の貸し倒れ不良債権の問題は、狼の群の中に小羊を投げ込むような二十一世紀の金融システムを変えなければならないと叫んでいる。一日に一兆ドルもの為替取引きがなされるというのは、その制度自体が金融犯罪である。七一年に起こったニクソン・ショックという金融革命について、人類はいま一度考え直さなければならないはずである。為替レートの一時的な固定という政策に一定の効果があることは、マレーシアのマハティール首相によってすでに証明されているのである。

この金融社会が、軍事シンクタンクと共同で、世界を紛争に導く時代に入ってきた。

第四章　シンクタンクがばらまく軍事思想

マードックとロスチャイルド人脈による煽動プロパガンダ

どこの国でも良識は数が少ないが、時の状況に興奮してしまう人たちがすべて悪いわけではない。悪質なのは、社会の一部を形成する支配階層だ。だがもし、その一部に全体が引っ張られているとすれば、この世は何とおそろしい仕組みになっていることか。

ホワイトハウスの副長官や補佐官クラスのポストを握れば、強力な軍隊を動かして、大量殺戮を実施させることができるというメカニズムが、イラク侵攻で証明された。戦争を望む者が、自ら大統領に就任する必要はない。大統領を国民に選ばせ、あとは周囲が自由にコントロールすればよい。

アメリカでは、軍事シンクタンクという箱の中で金を与えられ、育てられた者の中から、新聞とテレビが論者を選別して表舞台に引き出し、「政治力と軍事力には威圧的な抑制効果がある」と語らせる。メディアの解説者がシンクタンクの意見を受け売りし、引用し、思い通りに暴論を広める。だがそれは、古い一九五〇年代の手法だ。第二次世界大戦で一度死んだその種の神話を戦後に復活させたのは、アイゼンハワー政権で大量報復論を主張した国務長官ダレスと、それを上回る報復論を展開したキッシンジャーである。二十一世紀には、世界貿易センタービル崩壊とペンタゴン炎上によって、その理論が再び完全に崩れたことを認識すべきだ。

第二次世界大戦には、勝者がいなかった。多くの人が戦争の虚しさを思い知った。空襲の恐怖を知らない人間たち、それが戦後生まれの世代のおそろしいところだ。親たちが忘れず語り継いだ恐怖を知らない人間が、自分の勝手な想像で戦争必要論を語ってはならない。それは過去の死者を冒瀆し、幼い子供たち次の世代に対してあまりに無責任な態度である。われわれの時代は、第二次世界大戦どころか、朝鮮戦争もベトナム戦争も実際に知らない人間が多く、危なっかしくて見ていられない。体験のなさからくる無知と過剰な自信が、井の中の蛙《かわず》である人間の口を開かせる。無知の知という基本をわきまえず、暴論に乗りやすい。力には力だと、軽軽しく語る政治家と評論家が日本にもぞろぞろいる。

暴力を広めるシンクタンクの実態は、次のようなものである。

この複雑なメカニズムは簡単に説明できないが、まず第一に、シンクタンクは一つ一つの組織がそれぞれ独立して存在するのではない、というところに特徴がある。彼らは国際的に連携しながら、世論を誘導する作業に没頭してきた。理知と見識が理論をよく戦わせ、最後の決断を導くなら、戦争や侵略などは起こり得ない。しかし世界情勢を動かし、歴史上の出来事を決定してきたのは、過去百年にわたって感情であった。アフガン攻撃からイラク侵攻までに彼らのとった戦略が〝アメリカ人の感情の操作〟にあったことは明白である。シンクタンクの論者は、アメリカ人とホワイトハウスに知性を捨て去るよう求め、独善のほかアメリカの道は残されていないと吠え立て、軍隊の操縦に関して見事に成功した。しかし理知ある世界世論から支持を得ることに、惨めにも失敗したのである。

豊かに肥やされた感情は、頭を休みなく働かせ、鋭くとぎすまされた感性の源となる。人の手を引いて思索に連れ込み、胸三寸に潜む名案を刺激するよう、天から与えられた最も強い力が感情である。しかし、その感情が集団的邪推に陥ると、分別を忘れ去って、かくも簡単に軍事力を動かす、という冷たくも歴史的な事実に早くから気づいたのは、一九三〇年代にヨーロッパでファシズムの台頭に危機感を抱いたフランスの作家ロマン・ロランだった。彼は語った、「理性の感情とは、愛である」と。

だが彼の金言をいま掘り出して胸に当てようとする人間は、二十一世紀には稀有である。いま疫病として地球上のメディアに蔓延する手法は、「感情とは、むき出しの憎悪」という野卑なものに変った。これが最も高い視聴率と購読部数が得られるからだ。

イラク攻撃に関して憎悪の感情を煽ったアメリカのメディアの中で、フォックス・テレビと〝ニューヨーク・ポスト〟は群を抜いていた。イラク攻撃を続ける米英軍を〝わが軍〟と呼び、〝解放軍〟と讃えたのが、フォックスだった。〝ニューヨーク・ポスト〟は反戦平和論を次々と槍玉にあげて攻撃した。一方では、二〇〇三年一月、フランスとドイツがイラク攻撃に反対の姿勢を変えないことに業を煮やした国防長官ラムズフェルドが、記者会見で「あれは古くさいヨーロッパだ」と感情を挑発すると、二月にはイギリス第一位の大衆紙〝サン〟がフランスのシラク大統領をミミズにたとえて批判する無気味な特報版をパリで発売した。一面はフランスの三色旗からミミズが生まれ、その頭にシラクの大きな顔がついているという比類なき下品なもので、記事はまったく中身のない欧米同盟必要論だった。ラムズフェルド発言にドイツとフランス政界が激怒し、〝サン〟紙にシラクが心底から怒ったことは言うまでもない。

そのころラムズフェルドを筆頭とするホワイトハウス閣僚たちは、メディアがネオコン（新保守主義者）と呼ぶ、ビル・クリストルが発刊する売れない雑誌〝ウィークリー・スタンダード〟のイラク先制攻撃必要論に読みふけっていた。

こうして数々の感情が、そちこちで刺激し合ったように見えた。しかしこの一連の出来事は、いずれもオーストラリアのメディア王ルパート・マードックを震源とする、一つの仕組まれた出来事であった。六九年来イギリスで大衆紙〝サン〟を発刊してきたのはマードックであり、フォックス放送を八六年に買収したのもマードックであり、〝ニューヨーク・ポスト〟のオーナーもマードックであり、ビル・クリストルの赤字続きの〝ウィークリー・スタンダード〟に資金を注いで発刊を維持させたのもマードックである。

八九年に父ブッシュ政権の副大統領クエールの首席補佐官となったクリストルが退任後、九四年に創刊した〝ウィークリー・スタンダード〟は、発行部数が創刊時の六万部からまったく増えず、赤字続きだったが、パトロンのマードックは意に介さなかった。

オーストラリアに生まれたマードックは、戦後にイギリスに渡ってオックスフォード大学を出ると、オーストラリアに戻って父から小さな新聞社を受け継いだ。六八年にはロンドンに進出すると、大衆紙〝サン〟によって急速に頭角を現わし、七六年からアメリカに進出して〝ニューヨーク・ポスト〟を買収、ニューヨーク一の発行部数に育てた。八一年にはイギリスの老舗〝タイムズ〟を乗っ取り、八五年にアメリカ市民権獲得、翌年ハリウッドの二〇世紀フォックスを買収して、フォックス放送でネットワークを設立。それまでアメリカ三大放送NBC、ABC、CBSが支配していたテレビ界を四大ネットとしてアメリカのメディア王に成り上がり、彼が所有するニューズ・コーポレーションはメディア帝国と呼ばれるようになった。クリストルの求める資金などは、彼にとって微々たるものだった。

キリスト教徒マードックには大きな後ろ楯がいた。彼の母はユダヤ人富豪ルパート・グリーンの娘なので、ユダヤ教の定義に従えばマードックはユダヤ人として生まれ、クリスチャンになったことになる。マードックの筆頭法律顧問が、アメリカ・ユダヤ人会議会長ハワード・スコードロンだったのはそのためである。さらにマードックをアメリカ・メディア界で庇護したのが、熱烈なシオニストで、ABC放送生みの親レナード・ゴールデンソン。さらにマードックの親友がほかならぬイスラエル首相シャロンだった。

最も重要な資金面の後ろ楯、それはニューヨークで投資銀行と金融経済顧問を兼ねるロスチャイルド社 Rothschild Inc. のアーウィン・ステルザーだった。ロスチャイルド社は、九月十一日事件の影響を受けて倒産したトランスワールド航空とユナイテッド航空の破産処理を請け負うなど、アメリカ経済界の最重要案件を扱い、一方で日本の破綻銀行・倒産企業を買収する禿鷹金融グループの黒幕となり、アメリカの鉄鋼業界を支配しつつある。そのロスチャイルド社を率いてきたステルザーが、マードックの経済顧問で、親友だった。ロスチャイルド社の親会社は、世界金融界のトップに立つ胴元ロンドン・ロスチャイルド銀行である。マーチャント・バンカーの世界では、リーマン・ブラザース・クーン・レーブやフランス・ロスチャイルド銀行がロスチャイルド社と相互に幹部を兼ね、密接な関係を持ってきたので、シティグループの内部にもその人材が浸透している。

ロスチャイルド社のステルザーは保守派のシンクタンク「アメリカン・エンタープライズ研究所」を支配して副大統領夫人リン・アン・チェニーを幹部に迎えた。九八年からは保守派のシンクタンク「ハドソン研究所」を動かし、〝暗黒の王子〟リチャード・パールを幹部に引き立ててブッシュ政権のペンタゴンにラムズフェルドの右腕として送り込み、研究所の名誉理事に副大統領だったクエールを迎えた。そして二〇〇二年にイラク先制攻撃必要論がメディア世界で急速に具体化して、中東に米軍が本格的に展開し始めたのは、八月九日からだった。その日、パールがイギリス紙〝デイリー・テレグラフ〟に「必要とあればブッシュ大統領は単独でイラクへの軍事行動を起こすだろう」と寄稿し、世界中が反対する中で戦争を挑発したのである。翌月にペンタゴンが、「中東を管轄する中央軍から兵士六〇〇人を演習のため中東カタールに派遣する」と発表し、大軍派遣の扉を開いた。同紙はロスチャイルド家の近親者ウィリアム・ベリーが買収支配し、ロスチャイルド一族のユダヤ財閥ハンブローたちが重役室を動かしてきた新聞で、現在ホリンジャー・インターナショナルの子会社だが、パールはその系列会社ホリンジャー・ディジタル会長のポストをあてがわれた。ロスチャイルド子飼いのパールが、ブッシュと米軍を動かしたのである。一方でロスチャイルド社のステルザーは、自らマードック支配下のイギリスの〝サンデー・タイムズ〟にコラムを書き、クリストル編集長の〝ウィークリー・スタンダード〟を実質支配する編集者も兼ねていた。つまり世にネオコンと呼ばれる集団は、全員が彼のロスチャイルド人脈だった。これが本書冒頭に述べた好戦的シオニズムとネオコンを結びつけたネットワークである。

シオニズムと呼ばれるイスラエル建国運動とロスチャイルド銀行のコネクションは、イギリス外相アーサー・バルフォアが一九一七年に〝ユダヤ人国家の建設〟を約束した「親愛なるロスチャイルド卿へ」の書き出しで始まる有名な書簡〝バルフォア宣言〟にあり、金融王ネイサン・ロスチャイルドの曾孫で、ロンドン・ロスチャイルド銀行の経営者ウォルター・ロスチャイルド宛てだったことに起点がある。ロスチャイルド家はこれを受けて、三年後に設立されたユダヤ人の地下軍事組織ハガナーに資金を送り、今日のイスラエル一のヘブライ大学の母体となる学校を二五年に創設した。続いて二九年に、ユダヤ人のパレスチナ入植を進めるための「ユダヤ機関」という組織をつくり、これが臨時政府としての役割をになった。一方、ロスチャイルド銀行が支配するヨーロッパのダイヤモンド産業がナチスの弾圧を受けると、そのユダヤ人難民をパレスチナに移送し、現在までロスチャイルド一族が支配するイスラエル・ユニオン銀行とデビアスが、国際的なダイヤ事業を展開してきた。現イスラエル中央銀行の母体となったレウミ銀行のほか、ダイヤに関連する銀行はすべてロスチャイルドの勢力下にあり、国際女性シオニスト協会の会長には、デビアス重役夫人であるナディーヌ・ロスチャイルドが就任した。

一九四八年のイスラエル建国に最大の貢献をしたのは、ユダヤ人入植地を建設したフランスのエドモン・ロスチャイルド男爵で、のちに彼の肖像は、イスラエルの五〇〇シケル紙幣に印刷されることになる。アメリカのロスチャイルド財閥代表者ヘンリー・モルゲンソーJrがルーズヴェルト政権財務長官となって、アメリカ・イスラエル独立債券発行会議会長とヘブライ大学理事長をつとめて新国家を支援する一方、エドモンの息子ジェームズ・ロスチャイルドが寄贈した六〇〇万イスラエルポンドの大金でイスラエル国会（クネセット）が建設されたのである。古代ユダヤ民族のルーツを示す証としてユダヤ人が祈りを捧げる嘆きの壁も、ネイサン・ロスチャイルドの義理の弟モーゼス・モンテフィオーレが修復したもので、これがシオニズム運動の柱となった。

これに対してフランスでは、シャルル・ドゴール大統領が六九年一月六日に、イスラエルへの兵器輸出を全面禁止するという措置をとった。五六年のスエズ紛争ではイスラエルと組んでエジプト侵攻を強行したフランスだが、第二次大戦中にロスチャイルド家の力を得て戦後フランスのトップに立った将軍が、イスラエルに反旗を翻す行為に出たのだ。前年（六八年）に設立されたOAPECのアラブ諸国の結束を見て、アルジェリアなどの石油と天然ガスを確保するためにとらざるを得なかった政治的決断である。しかしロスチャイルド家が支配するフランス二〇〇家族の議会勢力はドゴールを孤立させ、それからわずか三ヶ月後にドゴールは大統領辞任に追い込まれた。そして六月にフランス大統領に当選したのが、ロスチャイルド銀行総支配人ジョルジュ・ポンピドーである。九〇年代のソ連崩壊によって、大量のユダヤ移民がパレスチナに入植し始めたが、移民を支援する〝アリヤ〟と呼ばれる運動もロスチャイルドの資金によってまかなわれた。二〇〇三年五月六日、イギリスのブレア首相五十歳の誕生日にフランスのシラク大統領が、険悪となっていた両国の友好回復のため贈ったプレゼントは、フィリピーヌ・ロスチャイルド（ロチルド）が経営するボルドーの最高級ワイン〝シャトー・ムトン・ロチルド〟半ダースだった。二人とも、ロンドンとパリのロスチャイルド銀行の威光なしには首脳の座を守れないのだから、絆を結び直すのにこれ以上の贈り物はない。

このような胴元と共に活動するマードックは、八七年にイギリスの経済紙〝フィナンシャル・タイムズ〟の株を二〇パーセント取得して財界の支配を果たした。二〇〇三年までにマードックが手中にしたイギリス国内の新聞は、ほかに高級紙〝タイムズ〟、日曜高級紙〝サンデー・タイムズ〟、大衆紙〝サン〟、日曜版〝ニューズ・オブ・ザ・ワールド〟を数え、国内全体の新聞発行部数の三五パーセントを占める。テレビでもBスカイB（ブリティッシュ・スカイ・ブロードキャスティング）の株を四〇パーセント取得し、ブレア首相を強力に支援しながら、大手新聞社がテレビ局を所有できるよう通信法の規制を緩和する政界工作に入った。二〇〇二年にはフォックスが、アメリカのケーブルテレビ・ニュースネットワークとしてCNNを抜いてトップに立ち、メディアを広く制覇した。

　米軍がイラクの首都バグダッドを軍事制圧した二〇〇三年四月九日、世界中がそのニュースに目を奪われる中、まるでその時刻を知っていたかのように、マードックのニューズ・コーポレーションが重大発表をそっとすべり込ませた。アメリカ衛星テレビ最大手のディレクTVを運営するヒューズ・エレクトロニクス株の三四パーセントを、ヒューズの親会社ゼネラル・モーターズから取得すると発表したのである。一兆円近い買収金額だが、契約世帯数一一三〇万を支配する衛星放送全米第一位のディレクTVを手中にすれば、自家製ニュースを製造して、そのニュースを普及させる独占的帝国がまた一つ誕生するのだ。マードックがブッシュ政権のイラク侵攻を支援し、政府の心証をよくしようと骨折ったのは、これが目的だったのである。

　フォックスの偏向報道に比べ、イギリスのマードック帝国では、彼個人の考えをジャーナリストたちがそのまま伝えたわけではなく、イラク侵攻に対する批判記事も彼の足元の新聞から多数出た。しかし彼が編集に口を挟むことは有名だった。考えの違うジャーナリストを排除する人事が進められ、軍事ファッションをテレビと新聞が生み出す危険な時代が到来している。

　マードックの育てた〝ウィークリー・スタンダード〟のネオコン編集者デヴィッド・フラムが大統領スピーチに悪知恵を吹き込み、ブッシュ大統領にイラク、イラン、北朝鮮を「悪の枢軸」と呼ばせたことになる。枢軸という言葉は、明らかにナチスを意識したものだったろう。

図10　イスラエルに対するアメリカの貿易収支

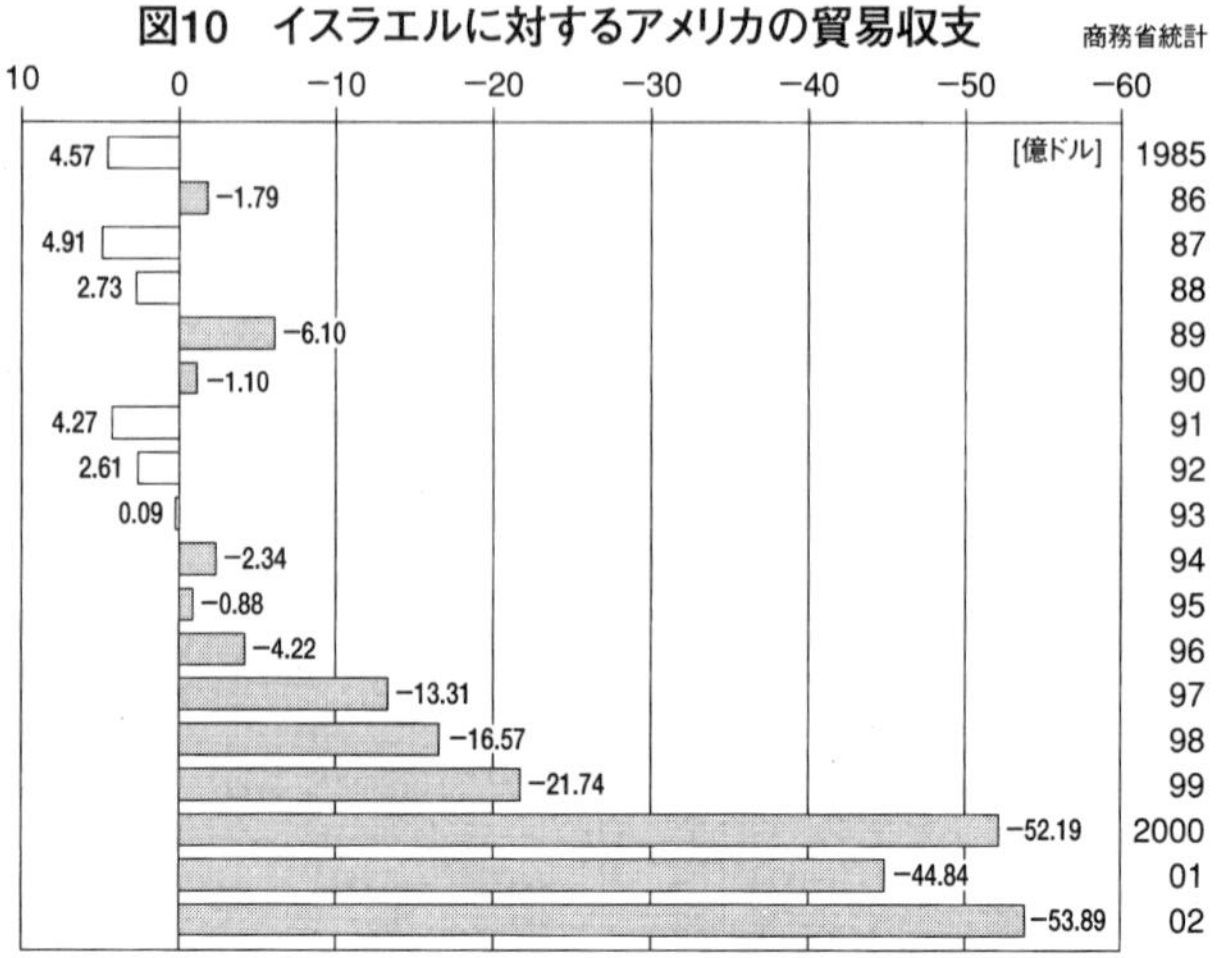

しかし彼らはその前の九七年からクリントン政権にイラク攻撃をけしかけ、アメリカの軍事力による世界制覇を求めてきた。九七年にクリストルがロバート・ケイガンと共に教育団体を装う保守派シンクタンク「アメリカ新世紀プロジェクト」を設立し、クリントン政権に資金を求めた時代、クリントン政権が閣僚と中東政策担当者に史上例を見ないほど多くのユダヤ人を揃えていることを、ユダヤ人記者が誇った。ルービン財務長官、サマーズ財務長官、オルブライト国務長官、アイゼンスタット国務次官、ホルブルック国連大使、コーエン国防長官、グリックマン農務長官、ライシュ労働長官、カンター通商代表・商務長官、バーシェフスキー通商代表、バーガー国家安全保障担当大統領補佐官、インディク

中東担当国務次官補、ロス中東特使、ミラー中東特使がユダヤ人で、ゴア副大統領の娘はアメリカ・ユダヤ人委員会を設立したジェイコブ・ヘンリー・シフの直系子孫アンドリュー・シフと結婚していた。かくてクリントン政権はクリストルの組織に四五万ドルの補助金を支給した。

図10に見られるように、オルブライト国務長官就任の九七年から、アメリカはイスラエルからの輸入量を大幅に増やして巨額の貿易赤字を記録するようになった。金額は二〇〇〇年に五二億ドルで、対日赤字より一桁小さいが、イスラエルの人口は六四〇万人で、日本の二〇分の一である。これがイスラエルへの巨額の財政支援となり、ブッシュ政権誕生後もそれが続いた。クリストルたちのグループはシャロン首相率いるイスラエル軍によるパレスチナ人攻撃を讃美し、それに反対するホワイトハウス幹部の実名をあげ、連日脅迫に近い論陣を張った。オルブライトの父に師事したのが、ブッシュ政権の黒人女性ライス補佐官である。

ここまでの経過は賢明な読者に想像がつくだろうが、問題はその論調がアジアに及んできたことである。二〇〇三年に入ると、クリストルは北朝鮮と中国の脅威を声高に語り、アメリカの軍事介入を示唆し始めた。

シンクタンク人脈が進めるアジアの友好破壊工作

ワシントンの軍事シンクタンク「戦略国際研究センター Center for Strategic and International Studies」に注目してみよう。この所長だったロバート・ゼーリックは、息子ブッシュ政権の通商代表となって日本に貿易圧力をかけ続け、日本の新聞で日米軍事同盟としてのガイドラインの必要性を強調してきた人物である。北朝鮮の脅威を強調するあまり、日本人が避難民になることや、朝鮮半島が統一されて北朝鮮の核兵器に支配される未来など、あり得ないことを喋りまくってきた。このシンクタンクの幹部にオルブライト国務長官、パレスチナ和平合意を入植政策でつぶしたイスラエル首相エフド・バラク、国際問題委員会議長のキッシンジャーたち、イスラエル人脈がいた。

戦略国際研究センターのハワイ・ホノルル支部がパシフィック・フォーラム（太平洋会議）という組織で、所長をジェームズ・ケリーがつとめていた。彼はレーガン政権の国防副次官補として東アジアと太平洋を担当し、続いてレーガン大統領特別補佐官となって、安全保障を担当した。つまりイランに武器を密輸したポインデクスターの部下であり、弟ジョン・ケリーが湾岸危機前のサダム・フセインと親交して悪名高い国務次官補だった。ケリー兄弟は明らかに、兄がイランに、弟がイラクに、いずれも危険な兵器輸出ゲームを展開していたことになる。

そして二〇〇二年十月十五日、北朝鮮に拉致されていた被害者五人が日本に帰国した翌日、ブッシュ政権の国務次官補となっていたジェームズ・ケリーが、北朝鮮の「核開発」という物語を世界的な話題としてメディアに提供し、拉致被害者五人が北朝鮮に残してきた家族と会えなくなったのである。このタイミングは偶然ではない。少し前に戻って、経過を見る必要がある。

ブッシュ政権が発足する五日前だったが、二〇〇一年一月十五日、ケリー所長率いるパシフィック・フォーラムの主催で、日本の国際交流基金国際会議場で「新日米同盟プロジェクト」と銘打ったフォーラムが開催された。そこに出席していた軍事シンクタンク「スティムソン・センター」のベンジャミン・セルフは、アメリカの日中関係第一人者というふれこみで参加していたが、台湾問題の討議では、「アメリカは中国側の武力行使に対抗するためには武力行使も辞さない。アメリカにとって中国は世界で一番大きな脅威であり、アメリカと対抗しうる存在は中国だけ」と言い切り、台湾への大量のアメリカ製武器売却の正当性を主張、ほかの参加者も交えて日中が友好関係を結ばないよう、とんでもない発言をくり返した。そのフォーラムには、戦争が起こるたびに喜び勇んでテレビで軍事技術を解説する日本の著名な軍事評論家も出席していた。

この怪しげなフォーラムを主催してほどなく、ケリーは五月一日から東アジア・太平洋担当の国務次官補に就任した。が、世界貿易センタービル崩壊事件が起こり、アフガン攻撃が始まって地球が騒然とする中、翌二〇〇二年、日本と北朝鮮の首脳会談の日程が決まった。アメリカは公然とその会談を阻止することはできず、九月十三日に小泉首相を迎えたブッシュは、北朝鮮が核開発をしている情報を持っていると脅してみせた。しかし九月十七日に小泉首相が北朝鮮に飛ぶと、金正日《キムジョンイル》総書記と歴史的な会談に臨み、金正日が拉致の事実を認めて謝罪し、日本と北朝鮮が正常な関係を求める道を拓いた。日本ではその大事件に耳目が集中した。しかしアメリカも、海の向こうからその会談を見ていた。ケリーが北朝鮮へのアメリカ政府特使として任命されたのは、それからわずか九日後の九月二十六日であった。なぜホワイトハウスは、急いで北朝鮮特使を任命したのか。

ただ一つ考えられる理由は、北朝鮮を「悪の枢軸」呼ばわりさせたブッシュの取り巻きが、日朝国交正常化を妨害するための特使を創作しなければならなかったことである。すでに日本では拉致問題が最大の話題となっていた。その事件解決が日本と北朝鮮の友好をもたらす可能性は高く、事態が進む前に誰かが北朝鮮を訪問して、友好を破壊しなければならなかったはずだ。十月三日に急遽ケリーは北朝鮮を訪問し、北朝鮮に罠をかけた。核兵器開発についてウラン濃縮計画の〝証拠〟があると挑発すれば、北朝鮮が威を張ることは間違いなかった。ケリーが北朝鮮の外務次官に会って話を進めると、「ウラン計画を進める権利がある」との言葉が返ってきた。

北朝鮮が抽出できるのは、一キログラム単位のプルトニウムである。この発言は、その数千倍にあたる五トンのプルトニウムを日本がすでに東海村に保有し、核弾頭を搭載できるミサイルを保有している事実に照らして、北朝鮮軍部としては当然の主張だった。日本では、青森県六ヶ所村でさらに大きな再処理工場を運転して、毎年五トンを超える〝用途不明のプルトニウム〟を取り出す計画が、経済崩壊した国家で非常識にも二兆一四〇〇億円を投じて進められ、二〇〇三年からその本格テストに突入するスケジュールが組まれてきた。日本のメディアが批判してきた北朝鮮民衆の貧困と飢餓を加速した原因が、軍事予算の肥大化にあることは常識で、その根っこに、かつて実際に朝鮮半島を侵略して賠償もしない日本政府と、北朝鮮を包囲する核への危機感と対抗意識があることも、軍事的には明白だった。こうした現実についての日本人の無関心が、忌まわしい拉致事件と北朝鮮の軍部暴走を引き起こしてきたのだ。

では、アメリカが騒ぐように北朝鮮の軍事力はそれほど脅威だったのか。北朝鮮の実態は、軍部が核兵器を製造しようとしても、原子力プラント技術は粗末なもので、経済的にも軍事予算は日本の二〇分の一だった。むしろ張り子の虎の強がり発言にすぎず、全世界の軍人に共通する常套句の一つにすぎない。ところが米朝会談の内容は外部が誰も知り得ない出来事なので、アメリカがメディアに勝手な見解をリークして北朝鮮への嫌悪感を煽るだけで充分である。ホワイトハウスはその発表のタイミングを図った。

拉致被害者の帰国日程は十月九日に明らかになった。そして十五日に五人が帰国し、希望のあるニュースが日本を駆けめぐった。その翌日、アメリカ国務省が「北朝鮮は核開発を認めた」と、あたかもすでに核兵器開発に猛進しているかのように聞こえる北朝鮮危機論を煽ったのである。すでに打ち合わせ通り、イギリス政府もただちに「核開発に抗議する」として、初の北朝鮮駐在大使として予定していたデヴィッド・スリンの赴任を延期すると発表し、国際問題に高めた。十七日の日本の新聞見出しは「北朝鮮、核兵器認める」一色に染まった。「アメリカ国務省は根拠も示さずそう発表した」と書くべきところをだ。

拉致被害者は十日間ほど日本に帰国後、北朝鮮に戻って家族とその後を相談することになっていたが、北朝鮮憎しの論調を煽る日本のテレビと新聞、雑誌は被害者の家族の再会を思いやることがなかった。北朝鮮が日本とアメリカのためになめた一世紀にわたる辛苦を想像する見識も備えていなかった。こうした場合、まず北朝鮮と日本の国民が巧みに自然交流し、何よりも被害者が日本に帰国できる状況をつくらなければならないところを、メディアも政治家も自らの手で国交正常化を絶望的な状況に追いやった。ケリー発言の根拠が不明であることを翌月(十一月二十一日)に明らかにしたのは、私が知る限り朝日新聞だけで、これほど重要な記事もほとんどの日本人には意味が通じなかっただろう。

ほくそえんだ新保守主義者グループは、ほとぼりがさめないうち、十一月八日にネオコン七人組の一人ダグラス・ファイス国防次官を日本に派遣し、北朝鮮のミサイルの脅威を認識せよと迫り、日本にミサイル防衛開発に協力するよう政界に圧力をかけ、同時にイラク攻撃への協力を求めた。彼らの目的が形をとって現われた。ファイスはアメリカ・シオニスト機構に属する過激派で、国連を一切排除せよと主張する軍事行動第一主義の論客である。パールやウォルフォウィッツを筆頭に、ネオコン・グループがことあるごとに国連の権威をおとしめる発言をくり返すのは、安全保障理事会がイスラエルに占領地から撤退するよう非難決議をたびたび採択してきたからである。パレスチナ人の建国にとって最も重要なその決議を「意味ないものだ」と主張するため、彼らは国連そのものの存在意義を否定することに力を注いできた。ファイスはレーガン政権で国防次官補パールの特別顧問をつとめたあと、イスラエルのシンクタンク「高等戦略政治問題研究所」の活動に参加した。この組織は八四年にイスラエルのエルサレムに設立された政治団体で、前述のように、ワシントン支部を通じてアメリカ議会に圧力をかける活動を展開してきた。イラクにハーシム家を復活させる政策を九六年に提唱したのがこのシンクタンクで、その文書にパールとファイスが署名したのである。

やがて拉致被害者が日本に帰国した二〇〇二年秋から、「アメリカが日本の核武装を認めて北朝鮮をおさえるのも一つの方法だ」という危険きわまりないアジアの核ゲームを示唆する意見が、そちこちのシンクタンクから流れ出し、日本の右翼論者がそれを受けて「日本の核武装宣言」を出し始めた。これらのアジア分断工作に成功したケリーは、年が開けて二〇〇三年三月十二日の上院外交委員会公聴会で「北朝鮮が兵器級の高濃縮ウラン製造に必要なのは数ヶ月であり、数年ではない」と針小棒大な証言をして挑発し続けたため、北の張り子の虎は「俺たちはいつでも核兵器をつくれる」とますます発言をエスカレートしていった。さらにパールが二〇〇三年六月十一日、「アメリカは、イラクと同じように北朝鮮攻撃も辞さない」と、最も危険な言葉を口にしたのである。

　ケリーと組んだシンクタンク「スティムソン・センター」は、日本の広島と長崎に原爆を投下した陸軍長官ヘンリー・スティムソンの〝偉業〟を讃えて設立された軍事シンクタンクである。アメリカ建国以来、第二次世界大戦後の一九四七年まで陸海空三軍を率いた総指揮官は日本語訳で「陸軍長官」と呼ばれるが、正しくは戦争長官で、今日の国防長官にあたる。このセンターのスティムソンの紹介を読むと、中国を敵視するベンジャミン・セルフたちがどれほどいい加減な集団であるか分る。「ヘンリー・スティムソンはセオドア・ルーズヴェルトとフランクリン・ルーズヴェルトのもとで戦争長官をつとめた――Henry L. Stimson served as Secretary of War under both Theodore and Franklin Roosevelt」と書いているのだ。彼らが崇拝するヘンリー・スティムソンが「セオドア大統領時代にニューヨーク南部地区の地方検事だった」という事実も知らないとは、恥ずべきスティムソン・センターである。当時弁護士だった彼は、検事に任命されるや鉄道王エドワード・ハリマンを告訴し、大手鉄道が砂糖会社にリベートを与えていた砂糖リベート事件を関税詐欺で告発して名をあげた。これだけ聞けば大衆の味方のようだが、そうではない。スティムソンが戦争長官にのし上がったのは、ニューヨーク証券取引所を会頭として支配したアターベリー一族を母に持ったからで、長官の従兄がペンシルヴァニア鉄道社長ウィリアム・アターベリーだったのである。またしてもキャサットの後を継いで大都会の鉄道を支配した一族だ。彼は一族の鉄道利権を守るためにライバルのハリマンを排除しようと骨折った利権屋だ。のち共和党のタフト政権で戦争長官、フーヴァー政権の国務長官を経て、民主党ルーズヴェルトから戦争長官に迎えられると、仇敵である鉄道王二代目のアヴェレル・ハリマンと手を組んだ人物である。

スティムソンが指揮するマンハッタン計画では、原爆開発班のロスアラモス研究所長J・ロバート・オッペンハイマーのもとで、一九四三年に食料を放射能汚染させて五〇万人を殺戮する計画が進められた。その後、同じ開発部隊の人間たち、それもカリフォルニア大学に医学部を創設したスタッフォード・ウォーレンのもとで、多数の医学者たちが黒人など弱者を選別して、人体にプルトニウムを注射する生体実験を実施したのである。

財閥とブルッキングス研究所によるホワイトハウスへの政策介入

このように、シンクタンクは、脈々と過去の鉄道利権者の中から雨後の筍のように生え出してきた。二〇〇二年から中東軍司令官のトミー・フランクスと組んで大規模なイラク攻撃論を展開したのが、全米随一のシンクタンク「ブルッキングス研究所」の上級研究員ケネス・ポラックたちだった。イラク先制攻撃必要論が所内で燃え上がった二〇〇二年からは、クリントン政権でオルブライトの下で国務副長官をつとめたストローブ・タルボットが所長となっていた。

タルボットは、イギリスのオックスフォード大学留学中にクリントンと同室になって以来の親友だったことが知られ、その後は雑誌〝タイム〟の特派員からロシア通としてワシントン局長・編集長までのぼりつめ、ホワイトハウス入りした、というのが大方の人物評だった。しかしそれでは彼の説明にならない。

九九年のNATO軍によるユーゴ空爆を強行するため、裏で陰湿な外交工作を展開した国務副長官である。下院国際関係委員会で暴露された通り、オルブライト国務長官宛てのコソボ紛争に対する基本姿勢を記したタルボットの極秘メモには、次の内容が記されていた——ユーゴのミロシェヴィッチ大統領に交渉材料を与えぬためロシア要人のユーゴ訪問を阻止する。国連のアナン事務総長が和平仲介に乗り出すことを阻止する。ロシアが空爆停止や対話スタートを求める国連決議を出さないよう妨害する——このメモにある通り、ユーゴ空爆に没頭して民間人一〇〇〇人以上を大量殺戮させる一方、表ではタルボットがロシアと熱心なコソボ和平協議を進めていた。〝ジキルとハイド〟の顔を持つ悪質な外交官の象徴的存在である。彼の正式な名を、ネルソン・ストロブリッジ・タルボット三世という。彼の祖父にあたるネルソン一世は、トランスワールド航空重役だったが、その兄ハロルドは、スペースシャトル・コロンビアのメーカーとなるノースアメリカン航空機を育てた会長で、戦後は共和党財政委員長をつとめてダレス国務長官のグループに入って暗躍する軍需産業の大物だった。イラク侵攻前の二〇〇三年二月一日、地球に帰還するコロンビアが空中分解してNASAと軍需産業に衝撃を与え、メーカーのボーイングが打撃を受けたが、ボーイングはノースアメリカン航空機の親会社ロックウェル・インターナショナルを買収しただけである。その一部門であるノースアメリカンが六九年にアポロ11号の月面着陸を成功させ、シャトル・コロンビアを製造したのだ。このようなタルボット家が、大銀行家の一族でもあった。

一方、化学会社モンサントの中央研究所長だった化学者チャールズ・トマスは、アメリカの軍需産業の中で特筆すべき原爆開発のマンハッタン計画に参加し、スティムソン戦争長官のもとで国防研究委員会のプルトニウム高度精製開発部長となり、戦後も一貫してプルトニウムを抽出する化学処理工場の最高責任者をつとめた。この危険人物トマスがネルソン、ハロルドのタルボット兄弟と義兄弟だった。モンサント社長となったトマスは五六年にトウモロコシ用の除草剤を商業生産したが、それが六二年からケネディー政権の注目を集めた。ベトナムのジャングルに潜むゲリラを掃討するためダイオキシンから成る枯葉剤エージェント・オレンジの空中撒布が開始され、すでに会長としてモンサントを支配していたトマスが大量にそれを供給した。同時に彼は、原水爆開発部門の原子力委員会（AEC）と原子力産業の共通の利益を目的とする態勢をつくり上げ、原子力発電によるプルトニウム製造プロジェクト──高速増殖炉を提唱、推進する中心人物として活躍した。

八五年、このモンサントに、遺伝子組み換え技術を持つ製薬会社G・D・サールを売却したのが、当時サールの会長だったラムズフェルド、のちのブッシュ政権国防長官である。それだけではない。タルボット兄弟には義理の姉妹ロイス・キャサットという女性がいたのだ。ペンシルヴァニア鉄道社長アレグザンダー・キャサットの孫娘である。ペンシルヴァニア鉄道は民主党クリントン政権内部にも閨閥を広げていたのである。前章の物語と合わせて要約すると、イラク侵攻を大いに煽動したブルッキングス研究所の所長ストローブ・タルボットは、息子ブッシュ大統領の曾祖父ジョージ・ハーバート・ウォーカーと同じキャサット一族で、同時に軍需産業ロッキード中興の祖グロス兄弟とも近親者だった。彼らはただこうした産業と政界とシンクタンクに属していたのではなく、いずれもそのトップである。

ブルッキングス研究所が今日のように巨大な勢力を持つまでには、その成り立ちと資金源に鍵がある。設立者ロバート・ブルッキングスは、セントルイス実業界の中心人物として財を成してから、第一次世界大戦中に設立された「政府研究所」に参加したのがこの道に入るきっかけとなった。政府研究所が連邦予算のシステムを確立する一方、ブルッキングス本人は軍需物資の調達に奔走し、大戦後、鉄鋼王のカーネギー財団に資金提供を呼びかけて第二の組織「経済研究所」を設立した。さらに二年後、石油王ロックフェラーの亡き妻を偲ぶメモリアル基金の協力を得て第三の組織「ブルッキングス経済政治大学院」を設立して、政府内部の人材育成を目的にワシントン支配に着手した。こうして一連の人脈組織を設立した彼は、一九二七年に三つの組織を統合して「ブルッキングス研究所」と命名した。事実上の軍事シンクタンクが誕生し、民間と政府のあいだをとりもって、軍事論と経済論の合体が画策されるようになったのである。ブルッキングスは自ら新組織で理事長と運営委員長をつとめ、同時にフィラデルフィアのカーネギー国際平和財団とカーネギー研究所の理事も兼務し、後年までロックフェラー財団に大きな影響を与える勢力を形成した。

こうしてブルッキングス研究所は石油王ロックフェラーと鉄鋼王カーネギーと一体化した組織となった。その一族、ジェームズ・ロックフェラーとナンシー・カーネギーが結婚したのは、ブルッキングス経済政治大学院が設立された翌年、一九二五年のことである。

カーネギー研究所の所長にメリル・リンチ創業者の義父サミュエル・チャーチが就任したことを第三章に述べたが、ニューヨークのカーネギー・コーポレーションの資産管理人は、二〇〇三年時点でロスチャイルド社の会長レイモンド・スミスである。一方ブルッキングス研究所の幹部席には、クリントン政権の中東担当国務次官補のユダヤ人マーティン・インディクが坐る。九三年のパレスチナ・イスラエル和平オスロ合意の進行調整役をつとめ、事実上、和平合意の破壊工作をしてパレスチナ人を追いつめ、シャロン首相によるパレスチナ人攻撃を絶讃してきた人物だ。

ブルッキングス研究所の幹部名簿は、これがシンクタンクかと思われるほど錚々《そうそう》たるものだ。理事として、レーガン大統領の首席補佐官からボーイング重役となったケネス・デューバーステイン、キッシンジャー・アソシエーツ副会長アラン・バトキン、民主党大統領候補ジョン・フォーブス・ケリーと再婚した大富豪テレサ・ハインツ未亡人、クリントン政権の財務長官ローレンス・サマーズ、レンセラー技術研究所長シャーリー・ジャクソン、CBS会長マイケル・ジョーダン、ゴールドマン・サックス社長ジョン・ソーントンが名を列する。湾岸戦争でのアメリカ側の陰謀まみれの実態を隠し、イスラム世界を一方的に批判した『石油の世紀』の著者、石油メジャーの代理人ダニエル・ヤーギンも理事である。

名誉理事には、カーネギー国際平和財団会長ジェシカ・マシューズ、イスラム金融機関BCCIを破綻に追い込む罠を仕掛けたバンク・オブ・アメリカ会長で世界銀行総裁のオルデン・クローゼン、ゴールドマン・サックス会長からブッシュ大統領経済担当補佐官に就任した前述のスティーヴン・フリードマン、フォックス・テレビと共にイラク侵攻を全面的に支持した〝ワシントン・ポスト〟支配者キャサリン・グラハム一族ロバート・ハース、ロスチャイルド家の世界的財政家ジェームズ・ゴールドスミスが死去した時の顧問弁護士サミュエル・ピサール、投機屋ジョージ・ソロスの金融仲間で世界銀行総裁ジェームズ・ウォルフェンソーン、ゴールドマン・サックス会長からレーガン政権国務副長官となったジョン・ホワイトヘッドたちの名前が並ぶ。

これはシンクタンクというより、アメリカの国家代表――実在する影の政権である。これら財閥のお抱え論者が、イラク先制攻撃必要論を動かす最大の力になったことは疑いようがない。ブルッキングス研究所を生み出したアンドリュー・カーネギーが、カーネギー国際「平和」財団を名乗ったのは、銃砲と戦艦を生産して戦争に群がる〝死の商人〟と非難された鉄鋼産業の罪の意識の裏返しだった。

軍事シンクタンクの思想も、十九世紀の鉄道から生まれたのである。今日のアメリカの軍事力を生み出し、大きく育てたのは、南北戦争後に訪れた鉄道の急拡大時代と鉄鋼産業である。一八九二年にカーネギーの関連会社を統合して設立された世界最大の鉄鋼会社カーネギー・スチールは、会社設立の目的が労働者を低賃金で働かせて大量生産することにあった。当時カーネギーの事業の大半を動かしたのはアンドリュー・カーネギーではなく、鉄鋼用のコークスを支配した〝石炭王〟ヘンリー・フリックである。フリックがカーネギー・スチール会長に君臨した時、労働者の怒りが爆発し、悪名高い流血の惨事を招いた。労働組合をつくらせないため、ストライキなどを防ぐ手段としてホームステッド工場は強制収容所のように囲われ、フリック砦と呼ばれたほどだ。ペンシルヴァニアの警備兵八〇〇〇人が投入された史上最悪のホームステッド労働争議の鎮圧を指揮したフリックは、一九一八年に〝フォーブス〟が初めて発表した全米大富豪リストでロックフェラーに次ぐ第二位にランクされ、ここまで紹介した数々の鉄道のうち、ユニオン・パシフィック鉄道、ペンシルヴァニア鉄道、アチソン・トピーカ・サンタフェ鉄道、ボルティモア・オハイオ鉄道といった、現代の三大鉄道の母体のほとんどの重役となった。

カーネギーが投じた巨額の資金で運営される現代シンクタンクの内部に流れる思想は、フリックが主張した「力による制圧」をそのまま受け継ぐことになった。カーネギーが平和を口にするたびに、フリックはその偽善を嘲笑した。二人が不仲となり、カーネギーが話し合いを求めると、「カーネギー氏に伝えてくれ。二人が行くのは地獄だから、そこで会おう」とフリックは答えた。カーネギー・スチールを設立したときアンドリュー・カーネギー個人が握った会社の権益は、同社の年間純益の五一パーセントという途方もない金だったのだから、余生をイギリスで過ごしながら平和を口にし、戦争嫌いを装って兵器で暴利をむさぼったカーネギーの偽善より、フリックのほうが事実に対して正直だ。〝自由の国アメリカ〟とは、妨害者を排除して一部の人間が富を自由に占有するために、なければならない財閥用語である。彼らは、邪魔者を消すために、強大な軍事力を必要とした。トルーマン政権で初代空軍長官に就任し、米軍の空軍力を大幅に拡大したスチュアート・サイミントンが、石炭王フリックの近親者だったのである。ではなぜ、アメリカの国民が二十世紀前半までのように、この財閥支配メカニズムに不満や疑問を抱かないのか。

それは、財閥が日々、私財の一部を注入する慈善事業に余念なく、別の顔を持って国民大衆を喜ばせ、不満を言わせない社会システムをつくり上げることに成功したからである。カーネギーが死ぬ前年までに寄付した総額は三億五〇六九万ドルに達したが、これは二〇〇〇年の貨幣価値に換算して五兆四三〇〇億円を超えるのだ。カーネギー・ホール、ジュリアード音楽院、メトロポリタン美術館、ナショナル・ギャラリー、リンカーン・センター、ロックフェラー・センター、スミソニアン博物館、国連ビルを始めとして、何もかもが財閥の慈善事業で生み出された。ハリウッド映画界、交響楽団、オペラハウス、病院、癌研究センター、エイズ救済基金、科学財団、学校、キリスト教会、赤十字、図書館、自然保護公園、社交クラブ、メジャーリーグ、プロバスケットボール、アメリカンフットボール、テニス、ゴルフクラブ、シンクタンク、メディア、どれをとっても彼らの慈善事業の息がかかり、彼らの寄付と出資で成り立ってきた。それは、人口の一割ほどの人間が国民の富の大半を占有し、そのうち半分ほどを社会に還元する巧みなシステムである。残り半分の巨大な資産が、相変らず彼らの手許にあることに対して、〝自由の国〟の大衆は寛容である。

ハドソン研究所のダン・クエールとウォーターゲート事件

シンクタンクのうち、危険な攻撃論をふりまいたハドソン研究所は、ペンタゴンの新保守主義者リチャード・パールが幹部に坐り、ロスチャイルド社のステルザーが支配してマードックと連携し、この研究所の名誉理事にダン・クエール元副大統領がいたことを先に述べたが、設立者ハーマン・カーンは、軍事シンクタンクのランド・コーポレーション、ノースロップ、原水爆開発のオークリッジ国立研究所、ボーイングなど軍需産業の中枢を歩いてきた人物だった。そこに参加したクエールとは何者だろうか。

ハドソン研究所とクエールの共通項は、地元が中西部インディアナの州都インディアナポリスにある。インディアナ州の標語は「アメリカの交差点」であり、CSXコーポレーションの縄張りに入るセントルイスやシカゴを結ぶ鉄道とハイウェイを建設して、トウモロコシを生産するコーンベルト地帯の中心的な輸送をになってきた。ヴァンダービルト家が支配したニューヨーク・セントラル鉄道が、このインディアナポリスに通じていた。

父ブッシュ大統領がクエールを副大統領にしたのは、クエールの母方の祖父ユージン・プリアムの威光によるものだった。プリアムはニューヨーク・セントラル鉄道の重役をつとめる富豪で、セオドア・ルーズヴェルトとは大統領が死ぬまで友人関係にあり、インディアナ〜カンサスを中心にセントラル新聞社と放送局を経営してメディアに大きな力を持ち、しかもプリアムの妻（クエールの祖母）は、コーンベルト地帯を切り拓いた耕運機で全米トップのパイオニア、大富豪サイラス・マコーミック一族だった。サイラスの息子が初代ロックフェラーの娘と結婚した仲にある。

クエールは、極右主義を信奉する父母の家庭で育ち、妻も極右主義という申し分ない条件が揃っていた。新聞社のヘラルド・プレスにつとめ、総支配人になった時に後ろ楯の祖父は他界したが、インディアナ州の穀物・家畜のビジネスマンだった保守派リチャード・ルーガーがインディアナポリス市長から上院選に出馬すると、クエールも下院議員に当選し、さらに上院議員から八八年には副大統領候補へとのし上がって、民主党の副大統領候補ロイド・ベンツェンとのテレビ討論に臨んだ。ところが若さを売り物にしたクエールは、ベンツェンにこっぴどくやりこめられ、完敗するという恥をさらしたまま、ブッシュが大統領になったついでに副大統領に当選したのである。そのあとが一層ひどく、アメリカとの友好を求めるソ連首脳ゴルバチョフにブッシュ大統領が手を差し伸べることに反対し、パールと共にアメリカの軍備拡張を主張し続け、ベーカー国務長官と激しく対立、史上最悪の副大統領と批判を受けた。

そのためブッシュ再選をめざす九二年の大統領選では、クエールが副大統領候補からおろされるともっぱらの噂だったが、その年の初めに奇妙なことが起こった。ウォーターゲート事件の報道で世界的に名をあげた〝ワシントン・ポスト〟のボブ・ウッドワード記者が、なんと、悪評高いクエールを弁護する連載記事を掲載し、逆に彼を見直そうと呼びかけたのである。再度の選挙に臨んだブッシュ〜クエール組は、しかしクリントン〜ゴア組に敗退し、クエールの政治生命は終ったかに見えた。その男が九月十一日事件後、新保守主義者の台頭と共に復活してきたのである。かつての地元の先輩ルーガーが上院外交委員長となって議会を取り仕切り、イラク攻撃と北朝鮮の脅威を煽っていた。ブッシュ大統領にまとわりつくように、クエールも力を回復して発言し始めたのだ。

だがこの経過は不思議である。世界貿易センタービルが崩壊して三日後の〝ワシントン・ポスト〟に、「CIAが密かにビンラディンに対して仕掛けてきた戦争」と題するボブ・ウッドワード記者のホワイトハウス・インサイダー記事が登場しているからだ。そこに書かれたのは、クリントン政権が九八年以来進めてきたウサマ・ビンラディン暗殺計画という内容で、明らかにウッドワードを介してなされた国家的なリーク情報である。続いて彼は二〇〇二年十一月に『ブッシュの戦争』を出版し、ブッシュの閣僚インタビューによって大統領を後方支援する巧みなホワイトハウス・プロパガンダを展開した。戦争計画会議の速記録などの内部情報をどこから得たか、ジャーナリストとしてきわめて大きな疑問のある内容だ。他国への軍事干渉を公然と主張する二人、クエールとブッシュを支援したウッドワードとは何者なのか。映画『大統領の陰謀』でロバート・レッドフォードが演じたのは名記者ウッドワードだが、もはや放任できない存在である。

彼はWASPの代表者である。映画では、ダスティン・ホフマンが演じた同僚のユダヤ人記者カール・バーンスタインとのコントラストが語り草となってきた。ウッドワードはエール大学で保守主義者として活動し、それがワシントン政府の目に止まってCIAに招かれ、ヴァージニア州ノーフォーク海軍基地に配属後、六八年からベトナム戦争に参戦した。駆逐艦フォックスの諜報部で無線通信部長という要職を与えられたのである。

その後は、軍部高官や後年のCIA長官スタンスフィールド・ターナーらと密着して活動したことが知られ、ウッドワードはなぜか情報組織を離れ、〝ワシントン・ポスト〟に社会部記者として入社する。そしてまもなく一つの事件を追及し始めた。大統領選たけなわの七二年六月十七日、民主党全国委員会本部ウォーターゲート・ビルに盗聴器を仕掛けようとした侵入犯五人が逮捕されるという奇妙な事件だった。

〝ワシントン・ポスト〟の社主キャサリン・グラハムは、秘蔵っ子の編集主幹ベンジャミン・ブラッドリーと、駆け出し記者ウッドワード、バーンスタインの三人に命じて、ウォーターゲート事件の徹底的な追及を方針に掲げた。

ニクソンに対する彼女の戦いはすでに前年から始まっていたからである。七一年六月にペンタゴン・ペーパーズをすっぱ抜いた〝ニューヨーク・タイムズ〟がニクソン政府から機密情報漏洩で告発され、遅れてその機密文書を入手した〝ワシントン・ポスト〟は、キャサリン・グラハムが公表するかどうかためらった。しかし後年〝アメリカで最も権力を持つ女性〟と呼ばれるグラハムが公表に踏み切り、この二紙に対する異例の公表差し止め請求が政府から出され、最高裁が七一年六月三十日に判決を下して、六対三で新聞社側が勝利したのである。ジャーナリズム界に画期的なその判決をもたらした最高裁長官は、ニクソン大統領本人が指名したウォーレン・バーガーだった。

その翌年にウォーターゲート事件が起こると、ニクソンが大統領に再選されても〝ワシントン・ポスト〟は連日一面で扱い、ニクソン本人の責任を執拗に追跡した。ニクソン自身が事件のもみ消しに関わった事実を明らかにした同紙は七三年のピューリッツァー賞を受賞し、翌年八月にニクソンが史上初めての大統領辞任という事態で決着がついた。ジャーナリズム魂が大統領を辞任させた栄光として語られてきたこの事件は、何であったか。ウッドワードが情報機関から新聞社に入社してほどなく侵入事件が起こり、駆け出し記者が重大事件を任されている。事件についてのホワイトハウス情報は、逐一ウッドワードに謎の政府高官から伝えられ、その高官は調査すべきヒントを次々と指示した。当時最初の大衆ポルノと評判をとった映画のタイトルに因んで、情報提供者は〝ディープ・スロート〟と呼ばれ、今日まで名前が明かされていない。背景には、七三年十月に第四次中東戦争が勃発し、イラク、サウジなど中東湾岸六ヶ国が原油公示価格を一挙に平均七〇パーセントも値上げしてオイルショックが起こった中での、ニクソン追及劇だった。石油を求めるニクソンがアラブ寄りに動き出すと、国務長官キッシンジャーと激しく対立した。その状況で、キャサリン・グラハム、キッシンジャー、バーンスタインたちユダヤ人がイスラエルを守るため、ユダヤ人嫌いのニクソン辞任まで追撃したのは当然である。しかし侵入犯の逮捕は中東戦争勃発前である。すでにその時点で、侵入犯に対して資金を与えた別の人間集団がいたという事実は、事件が初めからニクソン失脚のために仕組まれていた可能性を強く示唆している。

現在この事件を見直すと、不思議な人脈が動いていたという事実が浮かび上がる。それはボブ・ウッドワード記者とCIAと保守財閥のコネクションである。ニクソン辞任は、フォード大統領とロックフェラー副大統領を生み、そこから息子ブッシュ政権のほとんどの人脈を生み出した事件だ。しかもニクソンの再選後、別の汚職事件のためアグニュー副大統領が辞任していたので、後を継いだ正副大統領フォードとロックフェラーは、二人とも大統領選挙で選ばれた人間ではなかった。国民投票で信任を得ていない人間が、この事件のおかげで正副大統領という政界最高ポストの果実を手にしたことになる。彼らに抜擢されたフォード政権幹部が、二十一世紀の地球の運命を動かしたラムズフェルド、チェニー、スノーである。ホワイトハウス高官の〝たれこみ屋〟ディープ・スロートがフォードとロックフェラーに勲章を与えた動機が、あるグループに利益をもたらしたはずである。

ネルソン・ロックフェラーは、六〇年に初めて共和党大統領候補に名乗りをあげたが、指名争いでニクソンに敗れ、六四年にはバリー・ゴールドウォーターに敗れ、六八年に三度目の候補指名もニクソンに敗れていた。周囲から「大統領をあきらめて副大統領になれ」という言葉をかけられると、「大統領の補助器具になるのはいやだ」と拒否し続けた。それが一転してニクソン辞任後に、フォードと組んで喜んで政権に入った。ディープ・スロートの実名探しでは、ニクソンの大統領補佐官だったアレグザンダー・ヘイグが有力候補にあげられてきたが、ネルソンの政策顧問で、デヴィッド・ロックフェラーの秘書ナンシー・マギネスと再婚したキッシンジャーが中心的黒幕であったはずだ。その再婚は七四年三月三十日、ニクソン辞任にほぼ見通しがついた時期である。次々と政権幹部が政治生命を奪われる中、ウォーターゲート事件の中心にいてニクソンのすべてを知りながら、キッシンジャーの政治生命だけが無傷であるのは不自然すぎる。事件のもみ消しには最高裁も関与していたが、最高裁長官ウォーレン・バーガーは、五四年にスタンダード石油と共謀してでっちあげの詐欺容疑でギリシャの造船主オナシスを逮捕し、サウジにおけるメジャーの石油タンカー輸送利権を守った人物である。ニクソンに辞任するよう最後の引導を渡したのは、ほかならぬ共和党全国委員長ジョージ・ブッシュ（のちの大統領）だったが、彼の資産管理人はスタンダード石油ニュージャージー社長ファリッシュの孫だったではないか。

ネルソン・ロックフェラーが父ジョン・D・ロックフェラーJrに薦めたのが、ニューヨークのイーストリヴァー河畔マンハッタンの土地六ブロックを国連に寄贈するアイデアだった。四九年から建設が始まった国連本部ビルは、アメリカにありながら国際領土となり、そこでイスラエル非難決議がたびたび採択され、現在その国連をイスラエル人脈が足蹴にしている。

もう一つのロックフェラー家の遺産は、国家安全保障を担当する大統領補佐官のポストである。この補佐官は、アメリカの機密軍事工作を指令したマクジョージ・バンディー、キッシンジャー、スコウクロフト、ブレジンスキー、ポインデクスター、カールッチらを次々と輩出しながらライスに至るまで、ホワイトハウスの危険な軍事行動を主導してきた。朝鮮戦争時代の五三年、ボストンの銀行頭取ロバート・カトラーが、アイゼンハワー大統領に安全保障を担当する補佐官ポストを創設するよう提案して誕生したのがこの役職だ。それが、大統領の軍事計画を側近がかなり自在に操る時代に突入する契機となった。提案者カトラーは自ら初代補佐官に就任し、二度までもこのポストに就いた。彼の一家は政界の有力者オルドリッチの親族であり、ネルソン・オルドリッチ・ロックフェラー副大統領の閨閥だったのである。

ネルソンは財閥直系としてホワイトハウスに入ったアメリカ史の特異な存在だが、彼が副大統領に指名された時には、ロックフェラー家のとてつもない財産と見えない影響力を危惧する議会が承認をためらい、長期間にわたって異例の資産調査と審問がおこなわれた。厳しい追及を受けたネルソンは、「わが一族が持つ権力についての神話を、公衆の面前で明らかにする必要がある」と上院委員会で開き直り、「そのようなものは実在しない。私は、財力を振り回さないと言ったはずだ」と反論した。結局、〝見えない実力〟を反論者が証明しなければならず、反証できなかったため、下院で賛成二八七人に対して一二八人もの反対者がありながら、上院では九〇対七でロックフェラー副大統領就任が承認されたのである。そのため彼は副大統領に就任すると、CIA大統領委員会委員長としてCIA改組に取り組んで共和党保守派から反発を受け、翌年には次期選挙で副大統領候補を辞退すると表明しなければならなかった。七六年のフォード再選をめざす大統領選では、副大統領候補としてカンサス州の穀物カルテルのボス、ロバート・ドールが指名された。のち彼の妻エリザベス・ドールがレーガン政権で得たポストが、鉄道支配力を握る運輸長官だった。

ウォーターゲート事件関係者の名前を並べると、ほとんどがCIAなどの諜報機関と保守本流の財閥人脈である。その集団は、なぜかウォーターゲート事件の侵入犯側であり、同時に〝ワシントン・ポスト〟の保守一族ブラッドリーをはじめとしてニクソンを辞任に追い込んだ側でもある。ニクソンの人格に関する是非は抜きにして、彼がはめられたことは疑いようがない。すでに世を去ったニクソンはディープ・スロートと地獄で会って、激しくやり合うだろうが、その前にウッドワードは真相を公表すべきである。

ウッドワード記者に再評価されたクエール副大統領の一族が支配してきたセントラル新聞社は、二〇〇〇年八月にガネットの傘下に入った。前述のように、全米最大の部数を誇る〝USAトゥデー〟の姉妹新聞社となったことになり、ガネット会長マッコーキンデールが軍需産業ロッキード・マーティン重役を兼務して、副大統領夫人リン・アン・チェニーと同僚重役だったので、父ブッシュ政権の副大統領クエール家と息子ブッシュ政権の副大統領チェニー家が、メディアと軍需産業で一体となった。

副大統領夫人リン・アン・チェニーは、軍需産業重役のほかにもたくさんの顔を持つが、九月十一日事件後、全米の平和的外交論者をつるし上げるブラックリストを作成した愛国者団体American Council of Trustees and Alumniの設立者・名誉会長であり、保守主義者の牙城となってきたシンクタンク「アメリカン・エンタープライズ研究所」の幹部でもあった。このシンクタンクは、第二次世界大戦中の一九四三年に設立され、ニクソン・ショックを仕掛けたFRB議長アーサー・バーンズが幹部となり、彼はアメリカ・ユダヤ神学セミナーにも属していたが、やはりその二つに属していたのが、クエールの首席補佐官だった新保守主義者ビル・クリストルの母ガートリュードである。さらにアメリカン・エンタープライズ研究所には、国防政策会議議長リチャード・パールもいれば、イラク攻撃を賞讃した元国防次官補ジェームズ・リリーもいた。資金源は、マードックの親友でロスチャイルド社マネージング・パートナーのアーウィン・ステルザーである。

読者がすでにお気づきの通り、同じ人間がたびたび別の場面でくり返し登場する。新聞や雑誌、テレビで紹介されてきた彼らの履歴は、実は彼らの人生のわずか一部を切り取った図解であり、彼らの所属する組織は、シンクタンクから軍需産業、メディア、政権幹部ポストへと広大なつながりを持っている。その人脈コネクションを図解すれば蜘蛛の巣のように入り組んでいるが、中心には必ず大きな財閥の資金源がある。イラク侵攻と北朝鮮問題の軍事プロパガンダに関与した注意すべき主な政策研究所やシンクタンクの名前をあげるだけで、数十のリストができるのである。

そこに、キッシンジャー・アソシエーツのような数多のコンサルタント会社が加わる。これらのシンクタンク幹部と上級研究員の身許を調査すると、履歴の判明する多くの者が金融界で通じ合った仲間である。彼らがマーチャント・バンカーに資金源を持っているという事実から見れば、ある種の仕手集団であると考えてよい。そのシンクタンク論者の不見識な意見が、新聞やテレビ、雑誌のメディアに政府のプロパガンダを垂れ流すまま、今日まで放置されてきたのだ。しかもシンクタンクとは、アメリカ連邦政府の補佐官や側近などをホワイトハウスに送り込む〝取り巻きの養成所〟であり、同時に政権交代がおこなわれた時の〝天下り中継組織〟である。シンクタンクがよくもこれだけ大量の人間を養っているものだと思うが、国際金融マフィアの法外な収入は充分それに見合うだけの資産を蓄えてきた。

代表的なシンクタンクの一部を切り取ると、ざっとこのような構造になっている。一人の言葉が、メディアというスピーカーを通じるとたちまち百万人単位に広がる。それをまた各国のメディアが取り上げ、億単位の人間に伝える。産業内への彼らの浸透力と、大手の保守系金融機関で進行したロスチャイルド化現象がメディアを通じて企業票を動かし、ホワイトハウスの政策を容易にイスラエル側に引き寄せるのである。しかし彼らは賢くなかった。スピーカーを通じて広げた言葉がアメリカ人の感情を煽り立てることはできても、論理性がなく、世界の大衆から馬鹿にされ、怒りを買ったからである。

その好例が、アメリカ国務省制作の「イスラム教徒に心地よいアメリカ」と題した宣伝ビデオのキャンペーンの失敗だった。アメリカ広告界の女王シャーロット・ビアーズが九月十一日事件後に鳴り物入りで制作してイスラム諸国に売り込んだが、これを見たイスラム教徒はみな憤激し、各国で放映拒否の扱いを受けた。彼女は九〇年代に「全世界のベストテンに入る広告会社オグルヴィー＆メイザーとJ・ウォルター・トンプソンの二社で会長をつとめた唯一の人間」と持ち上げられ、「全米で最も権力ある女性」として〝フォーチュン〟が特集した中の一人だった。ブッシュ政権の外交宣伝を担当する国務次官となって、広告代理店マッキャン・エリクソンに依頼してビデオを制作したのである。アメリカのイスラム教徒が次々と登場し、アメリカで平穏な平等生活を送り、キリスト教徒やユダヤ教徒との仲の良さを語る内容で、アメリカのイスラム教徒が弾圧されている実情をまったく反映していなかった。すでに大学のキャンパスでも、イスラム教徒というだけで身の危険を覚えるアメリカに変っていたのに。

このようにアメリカ人が自ら反米感情を煽る行為をくり返していれば、アフガンとイラクに撃ち込んだ巡航ミサイルは、いずれ別の形で彼らに戻ってくる。

イラン・コントラ武器密輸事件関係者の復権

ブッシュ政権の特徴は、保守にネオコンがはびこっただけではない。八六年末に発覚したイラン・コントラ武器密輸事件の関係者が、驚くほど多い。

まずチェニー副大統領は、ワイオミング州選出の下院議員時代にイラン・コントラ武器密輸事件下院調査委員会に属していた。八七年にはイラン・ニカラグア秘密工作調査特別委員会の委員でもあった。そこで彼は事件の幕引きを演じたのである。

ネオコンのバイブル誌〝コメンタリー〟編集長で、ハドソン研究所の上級研究員として反共、反リベラルの思想を煽ってきたノーマン・ポドレッツは、妻ミッジ・デクターもネオコン・リーダーで、彼女の連れ子の夫がイラン・コントラ武器密輸事件で有罪判決を受けたエリオット・エイブラムズである。エイブラムズはレーガン政権で中米政策を取り仕切る国務次官補だったが、ニカラグアの反共ゲリラ・コントラ支援に関する情報を議会に提出せず、ブルネイ国王をそそのかして一〇〇〇万ドルをコントラに支援するよう仕向けた廉《かど》で九一年に有罪判決を受けたが、翌年クリスマス・イヴに恩赦を受けた。すると翌九三年にはパレスチナ・イスラエルの和平を進めるオスロ合意に猛烈に反対し、二〇〇二年十二月からアフガン新大統領カルザイの後ろ楯である国家安全保障会議のザルマイ・ハリルザッドに代って南西アジア局長となり、国際メディアがほとんど見向きもしなくなったアフガンを担当し始めた。そのあいだにもエイブラムズは、イスラエルのシャロン首相によるパレスチナ侵攻作戦を強力に支持し続けた。

ネオコンのリチャード・パールが、世界的な死の商人アドナン・カショーギと投資の密談をしていたことを述べたが、カショーギこそイラン・コントラ武器密輸事件で中心的役割を果たした兵器商である。

世界貿易センタービル崩壊事件一週間後にブッシュ政権の国連大使に任命されたジョン・ネグロポンテは、二〇〇二年十一月八日に、翌年のイラク攻撃の口実となる安全保障理事会決議一四四一を国連で引き出した。彼は八一〜八五年にかけて中米のホンジュラス大使をつとめていた。ニカラグアの北隣がホンジュラスであり、彼がコントラに武器を送り込む工作に暗躍した過去がアメリカのメディアでたびたび批判されてきた。

九月十一日事件後のブッシュ政権で、二〇〇二年二月から国防総省傘下に新設された情報警戒局長に任命されたのが、イラン・コントラ武器密輸事件の主犯ジョン・ポインデクスターである。このポストは、テロ対策を掲げて電話やメールを盗聴する組織のトップである。ポインデクスターは物理学博士号を持つエレクトロニクス技術者として復権したが、武器密輸で彼と通じ合ったカショーギがパールとコネクションを持ち、パールがユニオン・パシフィック鉄道重役の大富豪アンシュッツと組む通信会社の顧問となっていたことをすでに述べた。これが意味するところは、国際的通信会社クウェスト・コミュニケーションズの一日の電話二億四〇〇〇万会話、Eメール六億通がポインデクスターに筒抜けになるということである。彼はレーガン政権の国家安全保障担当大統領補佐官時代に武器密輸の陰謀をめぐらして中心的役割を果たし、議会に対して嘘をつき、さらに事件の証拠を隠滅した廉で引責辞任後、一審で有罪となるが、二審で無罪となって民間企業に逃れていた人物だ。

ブッシュ政権国務次官補として中南米を統括する西半球担当官に指名されたのが、オットー・ライク（別称ライヒ）である。彼はキューバから亡命した反共主義者で、イラン・コントラ武器密輸事件時代にニカラグアの反政府プロパガンダに暗躍したことで札付きの人物だった。

実際には二〇〇一年に国務次官補に指名されたが上院で拒否され、暫定次官補に終った。拒否されたのは、その間にベネズエラの反米大統領チャベスを追放するための偽クーデターを工作し、それが露顕して痛烈な批判を浴びたからである。

そのライクと組んでレーガン政権時代から中南米に反共政策を強要した国務省高官ロジャー・ノリエガが、ブッシュ政権の米州機構アメリカ代表となり、二〇〇三年一月からライクの穴埋めに中南米を統括する国務次官補に指名された。

二〇〇一年四月からブッシュ政権コリン・パウェル国務長官の法律顧問となったのが、ウィリアム・ハワード・タフト四世である。このポストは、彼の場合きわめて権威があり、大統領と国務省と国家安全保障会議に対して外交政策全般の主任アドバイザーをつとめ、政策を左右することができた。同名の共和党大統領タフトの曾孫で、労働者弾圧の法律タフト・ハートレー法を成立させたロバート・タフトの孫だからである。彼はレーガン政権でもペンタゴンの主任顧問となって、ネバダ州における五〇年代の大気中核実験による風下住民とアトミック・ソルジャーの大量の癌発生問題について「被バク量はきわめて低く、作戦に参加した兵士でさえレントゲン写真より少ない量しか被バクしていない」と声明を出し、八四年からは、ワインバーガーとカールッチ両国防長官のもとで国防副長官をつとめてイラン・コントラ武器密輸事件に立ち回った。二〇〇二年に更迭された不正まみれのSEC(証券取引委員会)委員長ハーヴェイ・ピットと共に法律事務所を経営してきたパートナーでもある。

　そのピット委員長が更迭された最大の原因が、会計事務所を監査する新しい企業会計監督委員長にウィリアム・ウェブスターを指名した一件だった。ウェブスター本人が、会計不正事件で疑惑の当事者であることから反論が続出してピットが更迭され、ウェブスターも委員長就任直後に辞任するぶざまなスキャンダルとなった。彼は元FBI長官で、八七年からCIA長官に抜擢されたが、レーガン大統領が彼を指名した目的は、イラン・コントラ武器密輸事件の幕引き役であった。八八年には、イラン・イラク戦争で毒ガスを使用するサダム・フセインを支援していたのがウェブスターである。

　このように、アメリカの最も危険な兵器・武器取引きに暗躍したシンジケート団が、大量にブッシュ政権に結集していた。ネオコン頭目のビル・クリストルの父が、かつて世界革命を求める左翼のトロツキストだったという物語と、イラン・コントラ武器密輸事件の反共主義が両立するほど支離滅裂の集団に、思想があろうはずもない。

　結論を述べるなら、アメリカのイラク侵攻は石油のためではない。この戦闘は、殺戮だけを目的とし、二〇〇一年十月七日に始まったアフガン攻撃に続く第二幕である。中でも忘れられている影の指揮官は、イラク侵攻前の二〇〇二年十二月にイラク解放無任所大使に任命された謎の人物、アフガン首都カブール育ちのザルマイ・ハリルザッドだ。彼が二〇〇三年四月にイラク反体制派を集めた復興会議の議長をつとめた。五月六日にイラクのトップ行政官に任命されたポール・ブレマーのアドバイザーとなったことで明らかなように、イラク国民会議と旧知の間柄で、彼らを米軍制圧後のイラク国内に手引きした最大の黒幕である。

シカゴ大学で学位を取得したハリルザッドは、コロンビア大学で政治学を教え、アメリカ市民となって国務省に入省後、アフガンの聖戦士《ムジャヒディーン》が対ソ戦を開始してからアメリカで重用されるようになった。やがて国務省政策協議会メンバーに入り、レーガン政権の政策局長ウォルフォウィッツの部下として働き、親交を深めた。八〇年代のイラン・イラク戦争が終りに近づくと、早くも反サダム・フセイン勢力への支援を主張し始めたのが、ハリルザッドだった。国防長官カールッチとラムズフェルド、財務長官オニールが支配する軍事シンクタンク「ランド・コーポレーション」で国防問題に取り組んだ彼は、ブッシュ政権で湾岸戦争に積極的に関与したのち、石油会社ユノカルのボストン・グループでコンサルタントをつとめながら、九八年にクリントン大統領にサダム・フセイン打倒の必要性を述べた公開書簡をウォルフォウィッツらと共に送付した。

五年前から、すでにイラク侵攻作戦の見取り図が描かれていたのである。二〇〇〇年の大統領選挙後の閣僚選出でチェニーから国防人事主任という大役を命じられたハリルザッドは、二〇〇〇年には雑誌〝ワシントン・クオータリー〟に「ならず者国家の統合」と題する論文を発表し、テロ基地であるタリバンとの徹底対決と元アフガン国王ザヒール・シャーを中心とする政権の擁立を提唱した。コンドリーザ・ライスの部下としてブッシュ政権の国家安全保障会議（NSC）の中東湾岸・中央アジア問題主任となってまもなく、貿易センター崩壊事件が発生すると、政権内でたちまちアフガン問題の最重要アドバイザーに成り上がって世界の注目を集めた。自分の郷里アフガニスタンに対して平然と米軍のミサイル攻撃作戦を主導し、数千人のアフガン民衆を殺戮した売国奴である。タリバンが地下に潜行後、アフガニスタン復興担当大統領特使に任命され、そこから今度はイラクに矛先を転じたのだ。

アメリカが敵視してきた国が危険なのではない。それらを危険な軍事国家に追い込む工作と、軍事物資の取引きが、世界を危険にしてきた。その工作は、日本を含めてすべての国に対しておこなわれてきた。イラク、イラン、北朝鮮を「悪の枢軸」と罵倒し、アメリカ自らを戦闘に駆り出した民衆殺戮の責任者は、ホワイトハウスの取り巻きである。いまや保守主義は、軍事人脈の残骸でしかない。

一体、公然たる殺人を人前で見せて、アメリカのどこに益があったか？　利益どころか、アメリカと世界の経済がこうむった損害は測り知れないほど深刻であった。実に一年以上もの長い間、世界のまともな生活は、この薄汚い軍事集団のために停滞しなければならなかった。アメリカ嫌いが世界中に広がり、帳簿は至るところ赤字だらけとなった。とりわけアメリカをよく知る人、アメリカを好きだった人の多くが、猛烈にアメリカを嫌いになった。実業を進める上で、その嫌米感情を以前の状態に戻すために、アメリカ人は営々と努力を払わなければならない。アメリカのイラク侵攻で利益を得た国はどこにもない。

だが彼らは、大統領選挙のために次の戦闘への準備を着々と進める。

これを止める唯一の実効ある手段は、世界中の経済界が取引きを通じてアメリカ財政と金融制度を崩壊させる道に導き、アメリカ人に地獄を知らしめることだ。産業が空洞化しつつあるアメリカは、意外にもろいからだ。ところが、すでにそれに気づいている集団がある。

鍵を握るヨーロッパのロスチャイルド本家は賢く、状況を凝視しているのである。ユダヤ人であるからといって、彼らがネオコンの無謀な行動にすべてを預けるはずがない。イスラエルを守りたいが、ヨーロッパも守らなければならない。アメリカの元財務長官ルービンは、ユダヤ人の立場から、イスラエルのシャロン首相の戦略を真っ向から否定はしなかったが、世界的な批判を受けるイスラエルの状況を問われて、「賢明ではない」という意味の発言をしたことがある。アメリカ経済を立て直さなければならない連邦準備制度理事会議長のユダヤ人グリーンスパンも読みは同じであろう。ロスチャイルド代理人ジョージ・ソロスも、打倒ブッシュのために民主党の政治団体に一〇〇〇万ドルの献金を表明した。彼らは世界混乱の責任者である。今こそリーダーシップをとって発言しなければならないはずだ。

あとがき

本書は、『アメリカの経済支配者たち』＝ウォール街、『アメリカの巨大軍需産業』＝ペンタゴンに続き、第三の牙城ホワイトハウスを動かす『アメリカの保守本流』の現状を述べたものである。

私は、アメリカ大統領制度の成り立ちを歴史の奥から調査してきたが、時代の流れは目の前の急激な動きを説明するよう求める。保守政界の人脈、とりわけ二〇〇一年九月十一日の世界貿易センタービル崩壊事件後に好戦的な態度を露骨に表に出し、次々と先制攻撃を実行に移したブッシュ政権を、なぜアメリカ国民が支持するようになったかを明らかにすることが本書の目的である。そしてわれわれに必要なのは、このアメリカに追随する日本の軍事外交に大きな疑問を抱くことである。

米軍のミサイル攻撃を受けて逃げまどうイラクの子供たちの恐怖にひきつった表情を忘れることはできない。その子供たちを抱きかかえる母親の姿と、泣き崩れる老母たち。あの人たちは、イラクという土地に生まれただけで、なぜこれほど悲痛な体験をアメリカ人に押しつけられなければならないのか。

その同じ土地で、星条旗を振りかざして戦車の上で歓喜したアメリカ兵は、もはや人間ではない。アメリカがここまで堕落した犯罪国家であることを、いまだ世界の多くのメディアが認識していないのは驚くべきことである。イラクへの自衛隊派遣を可能とするイラク復興特別措置法案は、二〇〇三年七月四日の衆院本会議で与党三党などの賛成多数で可決され、小泉純一郎首相ら大半の政治家は、日本の自衛隊をイラク駐留米軍の従属部隊にしようとしたのである。われわれまでが、ブッシュやラムズフェルド国防長官のように、兵士の命、相手国の住民の命を紙切れとも思わない、精神が乾ききった人間になろうとしている。自ら戦死を望む者を止めはしない。しかし、誰が自衛隊員に人を殺す権利を与えようとするのか。

大半の日本人は、この政治家集団に、自衛隊員を死地となる戦場に向かわせる権限を与えた覚えもなく、自衛隊員が自衛を口実として人殺しをする権限を与えた覚えもない。この法案の前に、一九九九年五月、日米防衛協力の指針（軍事ガイドライン）関連法が成立し、米軍と共に自衛隊の軍事行動を容認することを定めた。二〇〇一年十月にはテロ対策特別措置法案が衆院を通過して集団的自衛権の解釈を大幅に拡大し、米軍の一方的なアフガン攻撃という道理なき殺人行為に海上自衛隊が加担した。続いて二〇〇三年五月には有事法制関連三法案が衆院本会議で可決され、北朝鮮の核疑惑を軸に、日本の軍隊が着々と朝鮮半島有事体制を整えた。有事法制には野党の民主党も自由党も賛成している。

しかし一体、何が有事なのか。アメリカではイラク攻撃を主導したネオコン領袖リチャード・パールが二〇〇三年六月十一日、「アメリカは、イラクと同じように北朝鮮攻撃も辞さない」と最後の危険な言葉を口にしている。このまま進めば、朝鮮半島の危機論が跋扈《ばっこ》するアジアに何が起こっても不思議はない。挑発論を煽るアメリカと日本の国会を、日本人が座視していてよいはずはない。国民のわずか三分の一という小さな支持率しか得ていない自民党・公明党・保守新党の与党三党が勝手に振る舞うに任せて、民主主義国家と言えるはずがない。日本人は目を覚まさなければならない。

ブッシュの飼い犬を演じた小泉首相のもと、次には憲法に手を加えようという危険な最後のスケジュールが組まれている。日本の憲法は、正常な人間の良識があれば、日常われわれの生活には無用のものである。なぜそれが存在し、なぜそれが必要なのか。また、なぜそれを目の敵にする人間がいるのか。

第二次世界大戦で戦争犯罪を犯した末に敗れた日本が、武力の行使と国の交戦権を禁ずる厳しい平和憲法を定めたのは、将来、危険な人間たちが兵器を執って二度と暴走することがないよう、戦争への歯止めとして必要だったからである。したがって現在憲法に手を加えようとする人間の意図は、戦争準備への着手にほかならない。平和な生活を望む人間に憲法が必要なのではなく、戦闘を望む人間の暴走を阻止するのに必要なのが、現存する日本国憲法である。ところが逆に、その戦争待望集団によって、日米ガイドライン→テロ対策特別措置法→有事法制関連三法案→イラクへの自衛隊派遣を可能とするイラク復興特別措置法→憲法改正準備へと、日本は危険な道を着々と進んできた。それは、本書で詳述したアメリカの最も危険なグループと手を取り合って、である。憲法の歯止めを取り去れば、何が起こるかという簡単な答を、日本人は想像できないというのであろうか。敗戦後に危惧された「将来」が、たった今訪れているのである。かつて日本の同胞はナチス・ドイツだったが、現在の日本の同胞はアメリカのネオコンと保守本流である。

アメリカの恥部を知ることは、アメリカが日本を手招こうとするアジアの戦争からわれわれを守る活路である。アメリカ人は、ペンタゴンが仕掛ける戦争という殺戮行為に対してあまりに無頓着である。大半の国民は、自らの暴力が世界貿易センタービル崩壊事件を招いたという歴史の因果関係さえ知らない。しかも事件の原因を〝テロリスト〟という常套句で説明しようとする。彼らの言葉に従えば、日本はすぐにでも北朝鮮に先制攻撃を加えなければならないはずだ。

この流れの中で、われわれの不安を一層かき立てるのは、アフガニスタンとイラクを攻撃し、大量の人を殺戮したアメリカの非道な行為が起こされる前に、日本のマスメディアがアメリカの軍事攻撃を婉曲に支援し、一方的な北朝鮮批判に明け暮れたことである。日本のジャーナリズムが、先の一連の法案を成立させた大きな動力でもある。

二〇〇三年二月五日の国連安全保障理事会においてパウェル国務長官が「イラクの大量破壊兵器保有疑惑」に関しておこなった演説が、翌月からイラク攻撃に踏み切る最大の理由づけとなった。しかも、本書第一章で述べたように、二月時点でパウェル演説には何も根拠がないことが国際的には明白になっていた。ところが日本の三大紙（朝日・読売・毎日）は、いずれも「推定有罪」、「ほぼ『クロ』になったイラク疑惑」、「疑惑は深まった」と、筋違いも甚だしい社説・論説を掲げてイラクを批判し、あろうことかアメリカとイギリス両政府が捏造《ねつぞう》したプロパガンダを積極的に支持したのである。テレビ界の論調は、輪をかけてひどいものであった。

そしてこのイラクの大量破壊兵器に対する疑惑が強められて初めて、日本でも針小棒大な北朝鮮危機論が横行する土壌が形成されたのである。アメリカの国民がネオコンに欺かれたと同じように、日本の国民がメディアの論調に乗せられ、その世情を見透かして日本の与党が次々と軍事的性格の法案を通した経過は明白である。二〇〇三年六月十四日には韓国と北朝鮮が軍事境界線上の二ヶ所で、南北縦断鉄道「京義線《キョンウィ》」「東海線《トンヘ》」の連結式をおこない、軍事衝突を避けるための努力を続けているというのに、日本のメディアの論調がこれでよいのか。

イラク人が大量殺戮されたあとの六月になって「大量破壊兵器の存在という戦争の大義はど

こにあったのか」と、ブッシュを批判する日本の新聞に驚きを禁じ得ない。アメリカを批判する資格が、日本の報道機関にあるとは思えない。〝毎日新聞〟の「記者の目」では、――フセイン時代の恐怖政治におののいていた市民ははじけるような笑顔で、米英軍による「解放」を謳歌していた。国際社会の反対にもかかわらず、多くのイラク国民に歓迎された戦争――と、一万人の殺戮という戦争犯罪を讃美する記者までいた。その後イラクで連日発生する反米攻撃を、彼らはどのように説明するのか。

豊かな現代的知識や最新の事実確認手段が目の前にありながら、自らの報道の過ちを反省することもない報道機関がジャーナリズムを名乗っている。軍事的ファシズムの性格を帯びた集団が、国会議員の過半数を頼みとして好きなように作業を進められるのが、現在の日本である。これで、日本全体が第二次世界大戦の愚を再び犯さないと誰が断言できよう。一九四〇年十月十二日に大政翼賛会が発足してすべての政党が一体となり、翌年十二月のマレー半島上陸、真珠湾攻撃へとまっしぐらに進んだ時、日本の国民は唯々諾々《いいだくだく》と状況に従っていたが、現在のわれわれも同じようにたかをくくっている。今日のアジアで最も可能性が高いのは、核兵器による大被害ではなく、通常兵器とゲリラ攻撃による、凄惨でとめどない戦闘である。

自衛隊を危険な戦場に手招くのは、巷間言われるようにイラク人の救済や日本の国を守るという大義ではない。この先に待ち受けるのは、本書に述べたアメリカの好戦的集団によって仕掛けられた、偽情報プロパガンダの罠に落ちる日本である。中東やアジアが悲惨な戦乱に巻き込まれる〝アメリカの戦争〟である。アメリカ政府が口にする戦争は、防衛庁が想定したり、漫画家が描く戦争のように甘いものではない。米軍が「戦争」を口にすれば、大量殺戮兵器を使用し、絨毯爆撃で無辜《むこ》の民を殺しつくす。

世界を希望ある日々に変えるには、日本は軍事行動の前に、実用化目前の燃料電池による新しいエネルギー革命を成功させればよい。これが家庭から産業界に普及すれば、自然エネルギーを活かして水を電気分解し、水素をエネルギー源として人類は生きられるのである。それは、中東の石油に依存する紛争時代から抜け出し、あらゆる国のエネルギーが自給自足の方向に歩み出す未来である。日本はその技術を発展途上の国々に輸出し、新しい貿易関係を結べばよい。その暁には、アメリカとの軍事関係から、すっかり手を切ることができるのだ。

これから何が起こるかについては、誰にも予測できない。しかし平穏な明日を望むなら、本書に述べたアメリカの危険な戦術に、われわれが頭と精神を磨いて対抗しなければならないことは確かである。沈黙は金ではない。

二〇〇三年八月十五日

広瀬　隆

広瀬　隆（ひろせ　たかし）

一九四三年東京生まれ。作家。早稲田大学卒業。近年、建国以来のアメリカ合衆国の成り立ちを精査し、その権力構造を解析している。著書に『アメリカの経済支配者たち』『アメリカの巨大軍需産業』（以上集英社新書）、『世界石油戦争』『世界金融戦争』『燃料電池が世界を変える』（以上ＮＨＫ出版）、『赤い楯』『地球のゆくえ』（以上集英社文庫）など多数。

集英社新書〇二一〇Ａ

アメリカの保《ほ》守《しゅ》本《ほん》流《りゅう》

二〇〇三年九月二二日　第一刷発行

著者……広瀬《ひろせ》　隆《たかし》

発行者……谷山尚義

発行所……株式会社集英社

東京都千代田区一ツ橋二-五-一〇　郵便番号一〇一-八〇五〇

電話　〇三-三二三〇-六三九一（編集部）

〇三-三二三〇-六三九三（販売部）

〇三-三二三〇-六〇八〇（制作部）

装幀……原　研哉

印刷所……凸版印刷株式会社

製本所……加藤製本株式会社

定価はカバーに表示してあります。

ISBN 4-08-720210-0 C0231

Printed in Japan

a pilot of wisdom

a pilot of wisdom

集英社新書　好評既刊

悪魔の発明と大衆操作
原 克　0198-D

TVやラジオ、個人情報管理の原型「パンチカード」等、今に繋がる技術の背後に潜む我々の悪夢のルーツ。

緒方貞子――難民支援の現場から
東野 真　0199-A

難民との出会い、数々の民族紛争から9・11、イラク戦争まで、肉声で紹介する、報道されなかった「緒方像」。

ヒロシマ――壁に残された伝言
井上恭介　0192-D

広島市立袋町小学校の、剝げ落ちた壁の奥に白墨の伝言が見つかった。「あの日」の「被爆の伝言」だった。

ホンモノの思考力
樋口裕一　0200-E

あなたはバカに見えない考え方や話し方ができるだろうか。著者独自の方法論を駆使して伝授する思考法。

共働き子育て入門
普光院亜紀　0201-E

デフレ進行の不況時代。共働きはもう常識。共働き子育ての新しくてポジティブな家庭モデルを提案する。

日本の食材 おいしい旅
向笠千恵子　0202-H

「素材主義者」を自称する著者が「おいしくて安全」な食べ物を求めて北から南へ。列島縦断の食紀行。

戦時下日本のドイツ人たち
上田浩二・荒井 訓　0203-D

第二次大戦下、日本が極度に排他的だった時代、在日ドイツ人たちが体験した異国・日本、その意外な相貌。

「面白半分」の作家たち
佐藤嘉尚　0204-F

吉行淳之介、野坂昭如、開高健等…。歴代編集長を務めた作家たちの魅力を、雑誌元発行人が実況スケッチ。

新聞記者という仕事
柴田鉄治　0205-B

新聞が輝いていた時代はどこへ。自らの記者体験を基に、新聞の現状を厳しく問う渾身のジャーナリズム論。

ピカソ
瀬木慎一　0206-F

没後30年を経てなお「前衛」。その創作と人生に影響を与えた女性たちとの関わりを通して描く本格評伝。